[英国] 约翰·H. 阿诺德 著　李里峰 译

历史之源

牛津通识读本·

History

A Very Short Introduction

译林出版社

图书在版编目（CIP）数据

历史之源／（英）阿诺德（Arnold, J. H.）著；李里峰译．—南京：译林出版社，2013.1（2023.10重印）
（牛津通识读本）
书名原文：History: A Very Short Introduction
ISBN 978-7-5447-2971-0

Ⅰ.①历… Ⅱ.①阿… ②李… Ⅲ.①史学理论 Ⅳ.①K0

中国版本图书馆 CIP 数据核字（2012）第 133089 号

著作权合同登记号　图字：10-2014-197 号

历史之源［英国］约翰·H. 阿诺德／著　李里峰／译

责任编辑　於　梅
责任印制　董　虎

原文出版　Oxford University Press, 2000
出版发行　译林出版社
地　　址　南京市湖南路 1 号 A 楼
邮　　箱　yilin@yilin.com
网　　址　www.yilin.com
市场热线　025-86633278
排　　版　南京展望文化发展有限公司
印　　刷　江苏凤凰通达印刷有限公司
开　　本　890 毫米 × 1260 毫米　1/32
印　　张　9
插　　页　4
版　　次　2013 年 1 月第 1 版
印　　次　2023 年 10 月第 13 次印刷
书　　号　ISBN 978-7-5447-2971-0
审 图 号　GS（2007）2052号
定　　价　39.00 元

序言

葛剑雄

大概知道我曾写过一本名为《历史学是什么》的小册子，凤凰出版传媒集团给我送来了即将出版的《历史之源》。翻阅一过，我就产生了兴趣，并且乐意将它介绍给读者。

看到书名，读者或许以为这是一本严肃的学术著作。的确，作者的态度是严肃的，本书的观点也符合学术研究的结果，称得上学术性，但作者却更着眼于学术普及，所以不仅轻松可读，而且容易为非专业的读者所理解。

本书共七章，每一章都以一个具体的历史事件或人物开始，引出相应的理论、概念或方法。尽管对不熟悉西方历史背景的中国读者来说，这些内容显得陌生，但作者生动的讲述仍能引人入胜。

如第一章就是从"这是一个真实的故事"开始的——"1301年，吉扬·德·罗兹从比利牛斯山的塔拉斯孔村匆忙赶往法国南部的帕米耶镇。他是去拜访他的哥哥雷蒙，当地多明我会修道院的一位修道士。……不过他此行的原因很紧急：他的兄弟送来一封信，警告说他们两人都处于巨大的危险之中。"随之展开的是多明我会为捉拿两名纯洁派异教徒，而一位居士反而被异教徒所杀的扑朔迷离的故事。但在故事的结尾，作者却引出了一个历史学的重大问题：

> 本书将要表明，书写历史的过程（“历史编纂”）疑问丛生。……在许多方面，历史始于问题也终于问题；也就是说，历史永远不会真正地结束，历史是一个**过程**。

在进一步分析了这个故事涉及的史料来源、这些史料的形成过程，解释了这些史料的不确定性后，作者重申了他的观点：“历史是一个过程、一种论辩，是由关于过去的真实故事所构成的。”并进而引导读者思考：“想想历史（像我们正在做的那样）带给我们的机会和危险。它使我们有机会反思自己与过去之间的关系，审视我们挑出来讲述的过去故事的种类、我们回想起那些故事的方式以及讲述那些故事的**效果**。当过去重新进入现在，它就成了一个强有力的所在。思考‘历史’，部分是要思考历史是**为了**什么——或**为了**谁。要开始探究这个问题，我们就会发现回顾过去、尝试理解在过去‘历史’是什么将会有所帮助。”

在以后的各章中，作者也都是从具体的史实出发，来阐述历史学某方面的原理。如第二章《从海豚之尾到政治之塔》就是通过巴比伦国王那波尼德斯寻找太阳神庙、希腊历史学家希罗多德探究希腊与波斯之间发生战争的原因、基督教历史学家的历史著作的编纂模式和修辞，提出了发人深省的疑问：“历史服务于一个目的：给人们以认同感。在这个意义上，它就像记忆一样。但它是**谁的**记忆？有**哪些**事情要记忆？”

又如第四章《声音与沉默》是这样开始的：

> 1994 年 8 月 1 日，在诺福克和诺里奇档案馆工作的

一位管理人员打开一盏灯,建筑物随之爆炸了。开关里微小的电火星点燃了泄漏的煤气。工人被炸倒,但是活了下来。档案馆却没有。消防队员努力控制火势,工作人员设法挽救保存在那里的文献。当火最终扑灭的时候,三十五万册图书和一些历史记录已被烧毁,建筑物内部也已毁损。

为什么从这里开始呢?这一章和接下来的两章,旨在阐明历史学家怎样展开研究历史的工作。我们将利用原始证据,从历史中探索出一个真实的故事,一个从未被讲述的故事。

读者一定会理解,为什么作者要花费本书一半的篇幅来讲述历史研究中的“原始证据”。稍有历史学常识的人也会与作者有同样的关注:“历史学家常常提到,被研究的事件发生之时或稍后形成的历史文献是‘原始’证据(就像犯罪行为的‘第一证人’)。‘二手’资料指的是其他晚一些的作家的著作。不过,这只是一种有用的简单说法,并非严格哲学意义上的区分,因为二者之间的界限可能很难划分,而且‘二手’资料也是它们自己时代的‘原始’证据。”

本书的第七章也是最后一章《说出真相》是从美国著名的废奴主义者和女权主义者索杰纳·特鲁斯于1851年5月28日的一次演讲的两种不同记载开始讨论的,作者尝试回答这样的问题:“历史学家能否理解和接近过去的生活?他们写下的故事是否是‘**真实的**故事’?历史的意义会是什么?”毫无疑问,这也是读到这里的读者所渴望了解的。

正因为如此,作者在最后对“为何要研究历史,历史何以重要”提出的三个理由容易为读者所接受，它们是：第一，首先仅仅是“乐趣”。研究过去时有一种愉悦，就像研究音乐、艺术、电影、植物学或天文学一样。第二，将历史作为某种思考的工具。研究历史必定意味着将自己带出当前的环境，探寻一个不同的世界。第三，以不同的方式思考自我，推断我们人类作为个体是如何“产生”的，也是为了认识到以不同方式行事的可能性。

此书是 2000 年由牛津大学出版社出版的，我在 2001 年与周筱赟合作撰写《历史学是什么》时尚未见到。使我感到宽慰的是，我们之间的大多数看法是相同的。

如果说本书有什么不足的话，从我的阅读习惯出发，总觉得条理还不够清晰，这或许是我阅读西方著作不多的缘故。

2008 年 6 月

献给爸爸、妈妈、路斯和维多利亚

目录

前言和致谢

一般说来,人们就“历史”学科也许可以撰写三种著作。一种是关于实践的入门指南。另一种是关于知识理论的哲学考察。第三种是支持某种独特研究方法的辩论文。本书是一本历史导论,尽管上述特征都有一些,却不能完全等同于其中任何一种。但总体而言,本书有意愿成为一本**饱含热情的**著作。书中所写,代表了我在历史是什么、如何研究历史、历史为了什么等方面的看法。不过我总是试图说明,存在着可以遵循的其他研究方法和有待发现的其他观点;我希望能吸引读者去做进一步的探索。

本书被松散地安排成三个部分。前三章旨在提出特定的问题,引起读者的兴趣,并(用简略的术语)描述在过去历史是什么。第四、第五章试图展现人们怎样着手“干”历史,首先是处理资料,然后是要考虑该如何解释这些资料。最后两章提出了某些想法,包括历史与真相的现状和意义,以及历史何以重要。

本书各章在定稿前有过许多读者,许多帮助我弄清不同主题的人让我受益良多。我尤其要感谢研究前往新世界的东盎格鲁移民的专家芭芭拉·麦卡伦,是她首先促使我去追寻乔治·伯德特的足迹。没有她的极度慷慨,第四章是不会写出来的。在该领域或任何其他领域存在的任何谬误，都完全由我本人负责。无须承担责任但值得感激的人还包括：爱德华·阿克顿、凯瑟琳·本森、彼得·比勒、斯蒂芬·丘奇、谢利·考克斯、西蒙·克拉布特里、理查德·克罗克特、杰夫·丘比特、西蒙·迪奇菲尔德、维多利亚·豪厄尔、克里斯·汉弗莱、马克·奈茨、彼得·马丁、西蒙·米德尔顿、乔治·米勒、卡罗尔·罗克利夫、安迪·伍德，以及牛津大学出版社的诸多不知名的读者。我必须感谢约克大学历史系和中世纪研究中心、东盎格鲁大学历史学院和英美研究学院的教师和学生，感谢他们教给我历史知识。最后，让我受益最久的是我的父亲，他总是乐于和我谈论历史，并告诉我为什么我错了。

第一章

关于谋杀和历史的问题

这是一个真实的故事。1301年,吉扬·德·罗兹从比利牛斯山[①]的塔拉斯孔村匆忙赶往法国南部的帕米耶镇。他是去拜访他的哥哥雷蒙,当地多明我会[②]修道院的一位修道士。这趟行程沿阿列日河谷至少有三十公里,吉扬徒步行走,至少要花一天时间才能到达目的地。不过他此行的原因很紧急:他的兄弟送来一封信,警告说他们两人都处于巨大的危险之中。他必须马上赶过去。

来到帕米耶的修道院,他的兄弟道出了令人恐惧的消息。雷蒙告诉他,最近某个居士(一种不属于任何正式宗教机构的准修道士)造访了修道院。他叫吉扬·德让,对兄弟二人构成了真正的威胁。德让显然为多明我会捉拿两名异教徒——皮埃尔·奥捷和吉扬·奥捷——提供了帮助,他们活动于比利牛斯山的蒙塔尤村。德让知道这些异教徒是因为一个住在高处山村的

---

① 位于西南欧法国和西班牙交界处,将欧洲大陆与伊比利亚半岛分隔开来。——本书所有注释均由译者所加,以下不再一一说明。

② 天主教托钵修会的主要派别之一,1215年由西班牙贵族多明我创立于法国,1217年获教皇洪诺留三世批准。

人，此人曾为德让提供住宿过夜，并天真地把德让介绍给这些异教徒，指望德让会接受他们的信仰。德让见到了奥捷一家并赢得了他们的信任，现在他要背叛他们。

但真正让雷蒙害怕的是，德让还声称异教徒在多明我会内部有一名奸细。居士说，这名奸细通过他的兄弟——一个普通信徒，也是奥捷一家的朋友——与异教徒发生关联。这个兄弟就是吉扬·德·罗兹，被指认的奸细就是雷蒙·德·罗兹。"这是真的吗？"惊恐的雷蒙问道，"你和异教徒们有联系吗？""不，"吉扬·德·罗兹回答说，"居士在说谎。"

这句话本身就是一个谎言。吉扬·德·罗兹在1298年春天与这些异教徒初次相遇。他听他们布道，为他们提供食物和住宿，事实上也和他们有联系：他们是他的舅舅。奥捷一家最近从伦巴第[①]回来，此前他们一直在为阿列日河一带的小村镇做公证人。他们在伦巴第皈依了纯洁派[②]信仰，这种信仰13世纪曾盛行于法国南部，但近年来已在宗教法官的关注下逐渐消亡。皮埃尔·奥捷和吉扬·奥捷想要让它复活。

纯洁派是基督教的一种异端。纯洁派信仰者称自己为"忠诚的基督教徒"，相信自己是门徒使命的真正继承者。他们还相信存在两个上帝：一个好上帝，他创造了灵魂；一个坏上帝，他创造了一切有形之物。这种"二元论"信仰与罗马天主教正统恰恰相反。无论如何，纯洁派教徒相信罗马天主教会是腐败

---

① 意大利北部的一个地区，与瑞士接壤。

② 中世纪基督教的一个异端教派。公元11至12世纪盛行于法国南部和意大利北部，1179年被教皇亚历山大三世宣布为异端，1208年教皇洪诺留三世以武力对其进行讨伐，14世纪末期逐渐消亡。

的——他们称其为“巴比伦的妓女”。13 世纪早期，法国南部有数千名纯洁派教徒和更多的信仰者。但到 14 世纪早期仅有十四名纯洁派教徒幸存下来，他们大多藏匿在比利牛斯山的村子里。即便如此，这样的信仰仍不能见容于正统的宗教力量。因此，帕米耶的多明我会才急于利用这个机会抓住奥捷一家。也因此，吉扬·德让才使德·罗兹兄弟面临危险。

吉扬·德·罗兹告别自己的兄弟，返回比利牛斯山里的家中。他先来到阿克斯村（离塔拉斯孔又有三十公里），提醒雷蒙·奥捷（那些异教徒的兄弟）提防德让。回到本村后他又警告了一个叫吉扬·德·阿雷亚的人，此人住在邻近的基耶地区。我们不清楚，他是不是在这个时候策划了随后发生的那些事件。

吉扬·德·阿雷亚是纯洁派教徒的积极支持者。他立刻找到居士德让，问他是否正在寻找奥捷一家。德让回答说“是的”，于是吉扬·德·阿雷亚表示能带他找到他们。居士很高兴，毫不怀疑地答应了。他们一起来到深山中的拉纳特村。

当晚迟些时候，吉扬·德·罗兹听说当居士走到拉纳特村外的小桥上时，出现了两名男子：菲利普·德·拉纳特和皮埃尔·德·阿雷亚（吉扬·德·阿雷亚的兄弟）。发生的事情是这样的：

> 他们立刻抓住他[德让]痛打，使他无力叫喊。他们把他带到拉纳特附近的山区，在那里问他是否真想抓捕那些异教徒。他承认确有其事；菲利普和皮埃尔马上把他扔下峭壁，丢入一道深谷中。

这起谋杀被隐瞒了许多年。吉扬·德·罗兹、雷蒙·德·罗兹和奥捷一家暂时安全了。

是什么让我们知道这起被遗忘已久的谋杀案的呢？它被记录在1308年的宗教审判簿中，当时吉扬·德·罗兹供认了他所知道的异端和异教徒。另有三名证人重述了这一事件。因为与纯洁派教徒有染，吉扬和其他六十人一道被判入狱。这一事件如同一幅神秘而诱人的小插图，从14世纪为我们留存至今。那么这就是“历史”：很久以前发生的一个真实故事，如今被重新讲述。过去再次复苏，当时与现在之间不对等的联系被重建。历史学家是否可以就此卸下他（她）的责任？这本历史学导论可以就此结束了吗？

别这么快结束我们的旅程。关于吉扬·德让谋杀案还有一些悬而未决的问题，就一般历史而言也还有些问题有待探询。本书将要表明，书写历史的过程（“历史编纂”）疑问丛生。我们可以从第一章开始审视这些问题，其中有些也许已经跃入我们的脑海。在许多方面，历史始于问题也终于问题；也就是说，历史永远不会真正地结束，历史是一个**过程**。

语言会让人迷惑。“历史”常常既指过去本身，也指历史学家就过去所写的内容。“历史编纂”可以表示书写历史的过程，或者对这一过程的研究。在本书中，我用“历史编纂”表示书写历史的过程，用“历史”表示这一过程的最终成果。我们会看到，本书认为在“历史”（在我所使用的意义上）与“过去”之间存在着本质的差别。

那么，上述故事是怎样被记载下来的呢？这里有几种不同的答案。我们可以从最简单的开始。1308年，吉扬·德·罗兹四次出现在一位名叫若弗鲁瓦·达布利斯的宗教法官面前。达布

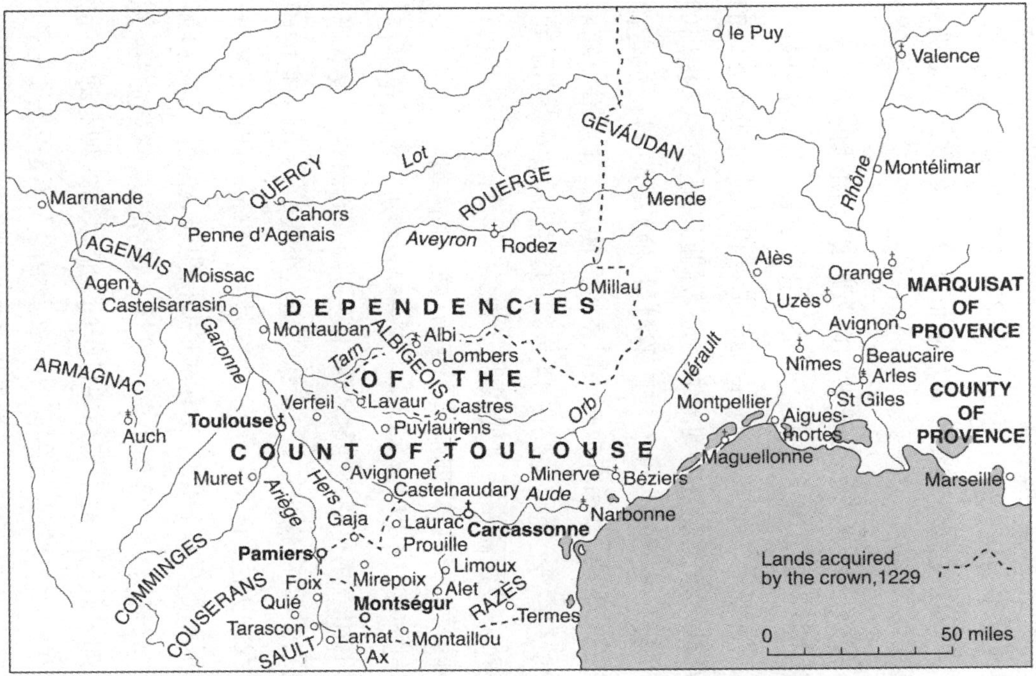

图 1 中世纪朗格多克(法国西南部)的城镇和村庄。吉扬·德让的尸体大概就躺在拉纳特村以南。

利斯得到教皇授权，前来调查比利牛斯地区的异端教派。他被允许要求每个人（任何人）前来回答关于正统信仰的问题，要求他们供认自己的以及他人的活动，无论是活着的还是死去的。听完他们的供词后，法官可以迫其苦修或施以惩罚，惩罚方式从戴上黄色十字架以示曾犯有异端罪行，直至在火刑柱上被活活烧死。

将吉扬·德·罗兹牵连进来的调查最初是由他的另一个兄弟热罗·德·罗兹引起的，他主动找到宗教法官，指认了许多与纯洁派有染的人。他的供词、吉扬的供词和其他至少十五人的供词，都被记录在宗教审判簿中。证人们回答达布利斯提出的特定问题，并补充某些他们自己的材料；他们的回答由法官的抄写员记录下来，然后存放起来以备日后使用。这些登记簿有一部分留存至今，所以他们在14世纪的谈话仍能为我们所知。这一独特的登记簿由一位现代历史学家编辑、印刷出来。我利用其中的某些资料，让你知道了吉扬·德让的故事。

不过，问题到这里并未结束。下一章我将进一步谈论证据，说说它的用途和存在的问题。现在还是回头看看这个故事吧。我希望它引起了你们的关注。我选择这个故事，是因为它的确引起了我的关注。它吸引我们，也许是因为它是一起谋杀案，而我们都很熟悉在共享恐怖故事时的那种犯罪的愉悦。它无疑还是一个“故事”，因为它有开头、中间和结尾，这使它更加“令人满意”。如果我们以前不知道中世纪的人们从事这种活动，它也许会让我们产生兴趣、感到惊讶。故事中的人不是国王、王子、圣徒或著名作家，他们是寻常百姓，因此，我们也许会很欣喜地发现自己对他们竟然知之甚详！

这个故事吸引我们，也许还因为其中的奇特之处。曾有人

(作家 L. P. 哈特利[1])提出"过去是一个异邦,在那里他们的行为方式全然不同"。科幻小说作家道格拉斯·亚当斯[2]持有相反的假设:过去的确是一个异邦,他们的行为方式就**像**我们一样。在这两种看法之间存在着难以捉摸的地方,它吸引我们关注过去,推动我们去研究历史。上面讲述的故事同时证明了这两种观点。对于送信件、走亲戚、离开家乡去旅行,我们能够理解并产生共鸣。即使我们没有亲身经历过,我们也了解对迫害的恐惧,了解谋杀。如果我把当事人的姓名翻译成你们本国的语言("吉扬"会变成英语中的"威廉"),他们看起来会离我们更近。我所用的姓名来自奥西坦语,这是那个时代和那段时期的语言。其实我在这里略有误导,这些记录是用拉丁文写的,所以或许我本该采用拉丁语,把名字写成吉尔默斯。

但这些名字对我们来说还另有奇特之处。看到这么多人都叫吉扬似乎有些古怪,我们通常不会用出生地作为自己的姓("德·罗兹"的意思是"叫罗兹的地方")。我们了解宗教,但也许不熟悉异端的概念、宗教审判的程序,以及两个上帝的信仰。我们是否该把这个看作是一种稀奇古怪的"迷信"呢?或者它并不比上帝之子降临尘世、死在十字架上然后又复活的想法更奇怪?"异端"只能存在于有一个"正统"来定义它的地方:中世纪的天主教徒和纯洁派教徒都自认为是"真正的"基督徒。不管我们现在的哲学和宗教信仰是什么,我们能否声称和这两个群体都有真正的联系呢?

如果阅读更多的记录,我们还会遇到另一些不同的要素。

① 哈特利(1895—1972),英国作家。

② 亚当斯(1952—2001),英国著名的科幻小说作家和幽默讽刺文学作家,尤以《银河系漫游指南》系列作品而知名。

虽然吉扬·德·罗兹和他的兄弟显然能读能写(他们通过书信交流),他们在当时却实属例外:当时大多数人本来没有那么多识字的机会。实际上,“识字”的概念在 14 世纪与现在相比是很不相同的:如果你被说成是 litteratus(“识字的”),这就意味着你能读写**拉丁文**,并且知道怎样解释经文。掌握本国语言不能算作“识字”,无论这种能力多么有用。只会读写奥西坦语(或者德语、法语、英语等等)仍会被归入 illiteratus(“文盲”)之列。这些熟悉的或陌生的要素会引发更多的问题。

吉扬·德让谋杀案并非宗教审判簿中记录的唯一事件。它显然不是 1301 年发生在比利牛斯、法国南部、欧洲或者整个世界的唯一事件。历史学家无法讲述来自过去的**每一个**故事,而只能是其中的一部分。现存的资料多有残缺(达布利斯的登记簿中有几页已经遗失了),还有些地区没有留下任何证据。但即便就我们拥有的证据而言,仍有许多**可**说之事,远远超出了本书的篇幅。历史学家总要判定哪些事情是可以说或者应该说的。所以“历史”(历史学家所讲的关于过去的真实故事)不过是由那些引起我们注意的事情构成的,我们决定为现代听众复述这些事情。我们在下一章将会看到,历史学家选择他们的真实故事的依据,已随时间推移而发生了变化。

在把德让谋杀案作为一个打算复述的故事挑出来之后,我们还需要确定它在一幅更大的图景中扮演什么角色。一个现代历史学家仅仅呈现上述这样一幅小插图而不多说些什么,是不太寻常的。在 19 世纪晚期和 20 世纪早期,有些历史学家就是这样工作的:搜集和翻译他们认为能够吸引更多读者的有趣证据。这些著述是有用的宝藏,引领其他历史学家展开了细致的研究。它们可以带来一种阅读的愉悦,唤起读者对过去的热情。

图 2 圣多明我与纯洁派异教徒(右)的斗争。书被扔进火里:异端的著作被烧毁,正统的文本却奇迹般地升到空中。在现实中,圣多明我不是一位宗教法官(虽然他的一些信徒后来是),但火刑仍然是对冥顽不灵的异教徒的最后惩罚。(佩德罗·贝鲁格特,15 世纪晚期)

但对大多数现代历史学家来说，仅此是不够的。我们需要**解释**过去，而不仅仅是呈现过去。找出故事的更宏大的背景，就是为了不仅仅说出“发生了什么”，而且要说出它意味着什么。

我们能把德让谋杀案的故事置于何种宏大图景之中呢？存在几种可能性。最显而易见的是，这些记载与更广阔的历史背景——宗教审判和异端——相关。它向我们呈现具有纯洁派信仰的当事人，他们的行为与信仰。它告诉我们纯洁派自身的历史：阅读达布利斯的登记簿，我们能发现有多少人被异教徒奥捷一家改变了信仰。我们能注意到人们在供词中不说“宗教法庭”，而只说“法官们”。这是因为当时“宗教法庭”并未作为一个机构而存在，只有个别的法官（就像若弗鲁瓦·达布利斯那样）有特殊的工作要做（对达布利斯来说就是调查比利牛斯地区村庄里的异端）。“宗教审判”指的是达布利斯和其他人所遵循的法律程序。它是在 13 世纪早期作为一种与异端斗争的手段而创建的。达布利斯的登记簿还向我们展示了宗教审判的程序——怎样着手对异端进行调查和记录——从那时起是如何演变的。如果把吉扬·德·罗兹的供词与 13 世纪 40 年代的一份供词加以比较，我们会发现，和早期宗教审判时的证人们相比，吉扬被鼓励谈论得更多、更详细。这是因为异端造成的威胁发生了变化，法官们考虑的事项也随之而变。

或者，我们可以把德让谋杀案放到犯罪的历史中去。中世纪还有另一些关于谋杀的记载，其中有些非常著名。我们可以把这个故事与 1170 年谋杀托马斯·贝克特[①]、1304 年处决威廉·

---

① 贝克特（1118—1170），英格兰国王亨利二世的大法官兼上议院议长，1162年担任坎特伯雷大主教，1170年被刺身亡，1173年被封为圣人。

华莱士[1]，或者英王理查三世[2]被指控的罪行相比较。我们还可以聚焦下层社会的犯罪行为，利用其他类型的法庭记录探究这些行为，进而讨论中世纪暴力的盛行、犯罪的方式、调查和惩罚，以及罪犯的动机。不过，这个故事又能在朗格多克[3]的历史中扮演一个角色。“朗格多克”的意思是“奥克(Oc)地区的方言(或语言)”，这是人们对这个法国南部地区的称呼，因为当地居民用 oc 这个词表示“是”，而不是像北部那样用 oui。由于朗格多克有异端存在，教皇在 13 世纪早期下令讨伐该地区。在此之前朗格多克几乎是一个独立的国家，在情感上与加泰罗尼亚[4]而不是巴黎周边地区更加亲密。对异端的讨伐导致了法国北部对南部的政治控制。很久以后朗格多克才接受新的政治主人，而且在某些方面，法国南部仍然认为自己和巴黎人的北方很不一样。纯洁派的抵御(或许包括对德让的谋杀)是与法国政治史紧密联系在一起的。

最后，我们还可以忽略故事的叙述，而去关注它的细枝末节。我在前面提到了识字的问题；这对关注普通信徒知识水平的历史学家来说可是有用的矿藏。德让是在拉纳特村外的桥上遭到袭击的；阅读登记簿中更多的记录，我们会发现塔拉斯孔村外也有一座桥，别的村庄也是如此。这告诉了我们当地的某

① 华莱士(1272?—1304)，率领苏格兰人反抗英格兰统治的民族英雄，1304年被俘后在伦敦被处死。

② 理查三世(1452—1485)，英格兰国王，1483至1485年在位。英国史学界针对理查三世杀死先王遗孤（即其侄爱德华五世）的传闻进行过长期争论。

③ 位于法国南部。

④ 西班牙境内的一个地区，位于伊比利亚半岛东北部。

些地理知识。吉扬·德·罗兹在供词的另一处提到,他曾经把异教徒藏在“地板下面一个用作粮仓的地方”。还有一次,异教徒待在塔拉斯孔村附近田地上吉扬的一间棚屋里。由此我们可以了解农业和建筑方面的东西。吉扬还曾提到自己有事前往阿克斯村,提到他曾和富瓦伯爵一起离家接受军事训练。这样,我们就对吉扬的活动以及他所属社会阶级里的其他人知道得更多。对于他所招认的事件,吉扬常被要求给出日期。他通常会提到圣徒的纪念日,比如说“施洗者圣约翰节之后的十五天”(六月的某一天)。这给了我们一个印象:吉扬如何理解时间的流逝,圣徒对于即便是同情异端的人有多重要。要是在其他宗教审判记录中继续挖掘矿藏,我们会收集到许多这类有用的信息。吉扬的供词周围有一个完整的世界,这个对他来说是理所当然的世界以撩人的碎屑和片断展现在我们面前。

这是我所想到的一些画面,作为德让谋杀案故事可能的背景。别的读者会想到另一些事情。我们将进一步看到,其他时代的历史学家会以不同的方式解释这个故事。有些人根本不会认为它重要或者诱人。这些选择不仅与运气或聪明有关,而且关系到是什么在**吸引**我们。作为历史学家,我们沉醉在关于世界如何运行,人们为何要做他们所做之事的种种兴趣、道德、伦理、哲学和观念之中。记录的证据呈现在我们面前,伴随着画面和谜团,事实上还有挑战。吉扬·德·罗兹没有对故事中的每一个细节都做出解释。例如,证据没有告诉我们,为什么修道院里没有人对他的兄弟提出质疑,吉扬·德让的动机究竟何在(他是一个虔诚的正统派信徒,还是希望得到多明我会的认可),究竟是什么促使吉扬·德·阿雷亚及其同谋将德让扔进黑暗的岩石洞穴(他们是要保护奥捷一家,还是保护他们自己)。我对这些事情有些想法，但它们是**我的**想法。在本书后文，我们会进一步谈到历史学家如何填补这些空白，以及合理猜测的艺术。

"猜测"暗示着历史编纂过程具有某种程度的不确定性。它甚至还暗示着历史学家有时会把事情弄错。当然，他们的确会出错：历史学家就像任何其他人一样，会读错、记错、曲解或误解。但在更广泛的意义上，历史学家**总是**把事情弄"错"。这首先是因为我们永远无法使之**完全**"正确"。每一种历史记述都有缺漏、问题、矛盾和不确定之处。我们会弄"错"，还因为我们相互之间总是无法达成一致；我们需要以自己的方式弄"错"（虽然我们将会看到，我们有时会依据解释事物的不同方式而形成不同的群体）。不过，在把事情弄错的同时，历史学家总是**试图**使之"正确"。我们试图坚持那些被我们自己视为是证据实际所说的内容，我们想要搜寻一切可用的资料，充分理解发生的事情，我们从不虚构"事实"。历史学家有时喜欢将自己的工作与文学区别开来。一个小说家可以创造人物、地点和事件，而历史学家则要受制于证据所支持的东西。这种比较会让历史显得有些枯燥和无趣。然而，正如我们已经看到并将继续探讨的那样，在处理、呈现和解释证据的时候，历史也伴随着想象。对每一个历史学家来说，到底发生了什么——以及它可能**意味**着什么——很成问题。这些抓住"真相"的危险尝试令人激动，但真相随时都可能被发现是幻影。

这些怀疑对于"历史"的存在是必不可少的。如果过去没有缺漏和问题，历史学家就没有任务可完成了。如果现有的证据总是坦率、诚实、清晰地对我们发言，那么不仅历史学家将没有工作可做，我们也将失去相互论辩的机会。历史首先是一种**论辩**。它是不同历史学家之间的论辩，也许还是过去与现在之间的论辩、实际发生之事与即将发生之事之间的论辩。论辩是重要的，它们创造了改变事物的可能性。

由于这些原因，我在本章和本书里始终用“真实的故事”这个说法来谈论历史。这里存在一种必要的张力：历史是“真实的”，因为它必须与证据即历史涉及的事实相一致，否则它就必须表明为什么这些“事实”是错误的，需要修正。与此同时，历史又是一个“故事”，因为将这些“事实”放到了更广阔的背景或叙事之中，它就是一种**解释**。在尽量说服你（和他们自己）相信某些事情这一意义上，历史学家是在讲故事。他们的说服方式不仅包括诉说“真相”——不虚构事实、不提交与事实相左的材料，而且包括创造关于过去的有趣、连贯而有用的叙述。过去本身不是一段叙述。整体而言，过去就像生活一样无序、混乱、复杂。历史就是要弄清这种混乱的意义所在，从旋涡中发现或创造模式、意义和故事。

我们从一系列问题开始，我也提出了一些看法：历史是一个过程、一种论辩，是由关于过去的真实故事所构成的。我们将在本书的以下章节展开更充分的讨论。不过还有最后一个问题：想想历史（像我们正在做的那样）带给我们的机会和危险。它使我们有机会反思自己与过去之间的关系，审视我们挑出来讲述的过去故事的种类、我们回想起那些故事的方式以及讲述那些故事的**效果**。当过去重新进入现在，它就成了一个强有力的所在。思考“历史”，部分是要思考历史是**为了**什么——或**为了**谁。要开始探究这个问题，我们就会发现回顾过去、尝试理解在过去“历史”是什么将会有所帮助。

第二章
从海豚之尾到政治之塔

公元前6世纪，一个叫那波尼德斯①的巴比伦国王发动了一次搜索行动——我们也许可以说是一次早期的考古发掘——来寻找一座古寺庙，一座太阳神庙。他找到了，并把自己的发现记载了下来：

> 我在那里读到了古汉谟拉比国王的碑铭。在伯那布里亚什国王之前七百年，他在古神殿之上为沙玛什②建造了这座太阳神庙。我明白它的意思。我满怀崇敬，浑身颤抖……

伯那布里亚什国王生活于公元前14世纪，比那波尼德斯发现的沙玛什神庙还要晚七百年。就是说，这座神庙要比那波尼德斯早两个千周年。这种难以置信的时间差距，使那波尼德斯看起来似乎离我们近了些。如果我们将他的发现和记载作为故事的开端、作为我们所知“历史”的第一个片段，这种亲近感还会因为他所扮演的本章叙述之“起点”的角色而加强。这种有

① 古巴比伦国王，公元前556年在位。

② 巴比伦和亚述神话中的太阳神，象征正义。

联系的感觉很有用，但也可能给我们带来问题：那波尼德斯热衷于寻找太阳神庙，是因为这使他有机会与自己的高贵传统之间建立联系，而这种联系隐含着权力和权威。他对这一发现的理解方式和将其记录下来的动机，不一定与我们自己对历史的兴趣相一致。

我们能否以这种方式，回溯到“历史”作为行动的起点呢？这个问题颇为复杂。问这个问题的时候，我们当然是在进行我们自己的、当代的历史探询。我们可以回过头来将历史本身“历史化”；就是说，去探寻它的根源何在、从何而来、如何演变，以及在不同的时间和地点被用于何种目的。在这里的简单叙述中，我们不得不把焦点放到当前：将过去的历史编纂与我们现在所做的事情进行比较，并且提醒读者，如果说历史作为一门学科随着时间的推移发生了变化，那么它还会继续变化。因而，接下来的故事将会存在巨大的缺漏。不过我想要表明的部分观点是，在某种意义上，**一切**历史都希望说出自己当前时代的某些事情。

让我们向前推进一个世纪，看看第一位希腊的历史学家。希罗多德[①]（公元前 484—前 425）写下了希腊与波斯之间发生战争的历史原因，此前荷马曾在他的诗歌中涉及过这个题材。在史书的开头，希罗多德讨论了一个关于两国人怎样开始互殴的古老故事。他叙述了波斯人对这个事件的说法：腓尼基人拐走了希腊国王的女儿爱莪；希腊人拐走了腓尼基国王的女儿欧罗巴，然后是另一位公主美狄亚；帕里斯，一个叫普利安的腓尼基统治者的儿子，在这些故事的启发下诱拐了海伦，使她成为

① 古希腊历史学家，代表作为《历史》（又名《希腊波斯战争史》），被尊称为“历史之父”。

自己的妻子。在腓尼基人眼里,这都不是什么大不了的事情:诱拐女人是不道德的,却也用不着大惊小怪,“因为很显然,要是自己不愿意,一个年轻女人是不会让自己被诱拐的”。然而,希腊人采取了过激的反应:他们集结了一支大军去营救特洛伊的海伦,并摧毁了普利安的帝国。所有这些都是由针锋相对的诱拐女人之举引起的。然而,腓尼基历史学家们声称即使这一描述也并不真实:爱莪(最早提到的那个女人)不是被强行带走的,而是与一位腓尼基船长相好后有了身孕,宁愿跟他一道回去而不愿让自己的父母蒙羞。

希罗多德写道:

> 波斯人和腓尼基人所说的就是这样,我无意就其真实或虚假做出判决。我宁愿依靠自己的知识,指出在真实情况下是谁首先伤害了希腊人;然后我将接着讲述我的历史,讲述我所经过的那些不乏魅力的小城市的历史。那些曾经伟大的城市,如今大多成了小城市;那些在我本人有生之年发展起来的大城市,过去也够小的。这使得无论我所写的城市是大还是小,都没有什么可奇怪的——这个世界上没有什么能够永远繁荣兴盛。

希罗多德拒绝了波斯人的传说,选择依靠“事实”而不是虚构的看法。在该书之后的部分,他利用一段口述历史表明,海伦和帕里斯实际上从未到达特洛伊,而是滞留在埃及。他分析了荷马史诗中的一些段落,认为这位伟大的诗人实际上知道这一点,却选择接受一个与之不同的虚构故事。不管我们是否相信希罗多德对海伦的历史的新记述,他利用证据将虚构的故事与真实的历史叙述区别开来的努力，使他看起来更像是一位20世纪的历史学家。他的《历史》没有被简单地与他的个人境遇联系起来(像那波尼德斯与太阳神庙那样)，而是拥有更多的读者和更广泛的目的(记录和解释过去)，这个事实也暗示了希罗多德是我们今天所了解的历史的奠基人。实际上，他有时被称为“历史之父”。

但这里我们又得注意了。尽管希罗多德在某些方面看起来是为人熟知而且“现代的”，在另一些方面却并非如此。他所讲述的历史，有许多涉及我们很难相信的传说：骑在海豚尾巴上的阿里翁，意外杀死自己父亲的阿德拉斯托斯(克罗伊斯收容了他，他却又意外地杀死了克罗伊斯的儿子)，特尔斐的神谕[①](这里的预言被插入故事当中并且总会变成现实)。这些故事和其他一些故事，与我们认为是更“真实的”关于希腊人与波斯人如何打仗的政治史混杂在一起。希罗多德总是乐于偏离对政治事件的记述，告诉我们当地人的习俗、不同地区的神秘而奇妙的动物，以及任何吸引他的令人难以置信的故事。希罗多德因此也被称为“谎言之父”。但希罗多德本人并不认为这些元素之间有什么区别：事实上，他总是煞费苦心地声称他所说的事情是可信的，因为有见证人证实了这一点。

还有其他理由认为希罗多德与我们不同。首先，希罗多德未必认为自己的“历史”著作与其他类型的著作有什么本质的差别。演变为“历史”的希腊词语最初意味着“询问”，更明确地说，是指一个人能够在相互冲突的描述之间做出明智的选择。

---

① 古希腊有名的预言，指女祭师皮提亚(Pythia)在特尔斐城的阿波罗神庙里，进入一种类似昏迷的通神状态时对未来事件所做的预测。

将其用于撰写过去，在很大程度上意味着既不同于诗人也不同于哲学家的工作，因而对希腊人来说，也就没有那么重要。它是否成为一种叫作“历史”的独特类型，我们还不清楚，它更可能被视为“非哲学”写作这个更大范围内的一部分。还有，尽管希罗多德写作的原因更接近于我们自己而不是那波尼德斯，但其间仍然有所不同。希罗多德利用过去来提供关于环境和性格的说明，以备当时之用。他这样做是因为在他看来时间是循环的：历史一圈圈地旋转，同样的主题和问题一次次地出现。在他的《历史》中发生的事件常常是由性格缺陷引起的，但在这些缺陷背后隐藏着循环的命运之轮，它（如他前面所说）按照平等的比例，使城市和人民兴起又衰落。例如他说到，克罗伊斯虽然在梦里得到了警告，却无法阻止他儿子（被阿德拉斯托斯意外杀死的那一个）的死亡；他将失去整个帝国，完全是因为狂妄自大（对个人成就的骄傲激起了神灵的愤怒）。有一些 20 世纪的历史学家也许相信某些主题会在历史中重现，但我想没有人相信命运之轮决定着因果关系。

当基督教产生了第一批历史学家之后，这种时间观念发生了颇有争议的变化。基督教的信仰并不依靠命运之轮，而是认为世界在两个固定的点——造物和天启[①]——之间无情地移动。早期基督教历史学家还借助《旧约》假定了人类历史的七个世代。在他们写作之时，前面五个世代已经过去，人类已进入了第六世代，它始于基督诞生，终于基督复临。后面是第七世代，这就是天启的阶段和历史的终结。这个框架就历史意味着什么和人们如何着手探讨历史，提出了完全不同的观念。

① 通常预示着大动乱或大灾变，尤指基督教中预示世界末日的来临。

图 3 奥古斯丁的人类的六个世代(以及由此而来的历史)在这里被描绘成一个圆圈,让人联想到图 4 所示的命运之轮。将要到来的第七世代是天启的世代。

不过，我们不应该在古典时期和早期基督教时代之间做出过于明确的区分：命运之轮的形象实际上的确为基督教文化所继承，七个世代的观念并未支配基督教历史中的一切书写。不过，真正对历史编纂的演变发生影响的，是一种新颖而紧迫的

图 4 命运之轮，威廉·德·布莱利斯所作(1235)

历史**目的**。优西比乌斯[①]的《教会史》(约写于 325 年)旨在说服基督徒和异教徒,让他们相信基督教比异教信仰更古老、更理性、更道德也更有效。早期基督徒把历史当作对过去的**辩驳式**描述来写。他们这样做是因为,在最初的几个世纪里他们是遭受围攻者,必须保卫受到罗马当局迫害的信仰。提供一部支持其信仰(而反对其他信仰)的历史,是一种获得权威的尝试。在《上帝之城》(约写于 426 年)中,希波的奥古斯丁[②]试图将历史上的教派之争与灵性和邪恶之间的永恒斗争结合起来。这是神学与历史的一次大规模的糅合,但它过于冗长和复杂,难以产生直接的影响。不过,奥古斯丁的学生奥罗修斯[③]写了一个更简单、更具辩论性的版本《反世俗的历史》,它要通俗得多。

通过抄写对自己有利的原始文献,通过坚持《圣经》的历史准确性,通过将自己教派的历史与宏大的线性时间叙事相结合,优西比乌斯和奥罗修斯开始创作权威性的历史。他们的工作还得到了此前历史编纂中另一要素的支持:**修辞**的观念。罗马作家萨卢斯特[④]和西塞罗[⑤]主张,所有类型的写作都有规则和

① 优西比乌斯(260? —340),凯撒利亚主教,被称为"教会史之父"。

② 希波的奥古斯丁(354—430),即圣奥古斯丁,著名的神学家和哲学家,著有《上帝之城》和《忏悔录》,其神学思想是后世基督教教义的基本来源。

③ 奥罗修斯(380? —420),中世纪历史学家,所著的《反世俗的历史》记述了自创世迄于410年的世界历史。

④ 萨卢斯特(公元前86—前34),古罗马作家和历史学家,著有《朱古达战争》、《喀提林战争》等。

⑤ 西塞罗(公元前106—前43),古罗马政治家、雄辩家、法学家和哲学家,著有《国家篇》、《法律篇》等。他的演说按照修辞程式组织材料,词汇丰富,句法考究,讲求妥帖排列从属子句,局部之间要求对称,以累积说服力量,在句尾特别注意音调的抑扬顿挫。

模式可以遵循，撰写历史也有其独特的规则和模式。历史的“演说者”（或叙述者）应该不偏不倚地说出真相，即使这会冒犯他人；应该按照年代和地理顺序安排内容；应该指出人们有哪些“丰功伟绩”，关注它们的原因，包括其特征和偶然性；应该“用从容流畅的风格沉着地写作”。这些规则的要点在于，照此写出来的历史应该具有说服力、易于被接受。这种修辞要素——由罗马人创造出来并由基督徒加以发展——具有悠久的历史编纂传统。

1067 年，一位不知名的作者完成了《忏悔者爱德华的一生》。他将这部作品题献给他的赞助人、英国国王的妻子伊迪丝王后。他写作的目的是颂扬王后的家庭以及伊迪丝本人。然而，他的工作受到了如下事实的妨碍：由于伊迪丝的兄弟哈罗德和托斯蒂格的悲剧性反目，爱德华的统治以灾难而告终。他采取了双重的解决办法：首先，《一生》的第二册描述了爱德华的宗教生活，暗示他引领了另一个世界的拯救之路（这足以弥补在这个世界存在的任何问题而绰绰有余）；其次，通过将王国遭遇的一切麻烦归结为家庭冲突，作者采用了一种逆向的颂扬形式——家庭是多么重要，它自身的问题会引起这么多其他的灾难！不过，《一生》中并没有提到 1066 年对英国的诺曼征服[①]。

伟大的中世纪研究专家理查德·萨瑟恩[②]评论道：“一个历史学家能够撰写 1066 年的灾难却没有提到诺曼征服，那么在

① 指法国封建主对英国的征服。1066年，英王忏悔者爱德华死后无嗣，法国诺曼底公爵威廉率兵入侵英国，当年年底在伦敦威斯敏斯特教堂加冕为英国国王，开始了诺曼王朝（1066—1154）对英国的统治。

② 英国历史学家，著名中世纪研究专家，著有《中世纪的形成》等。

图 5 表现英国诺曼征服的贝叶挂毯——可以提醒我们写作并非记录历史的唯一方式。

这个词的任何最平常的意义上，他都显然不是一个历史学家。”的确不是！《一生》的作者（如萨瑟恩所指出的）不会从这段话中感受到批评之意。虽然他没有提到征服，因为他不想以任何方式贬低爱德华王朝的地位，但他仍然遵循了历史的修辞规则。他用修辞技巧来摆弄“事实”并不是一种花招或借口，而是历史编纂**方法**的合理组成部分。现代历史学家回顾中世纪的作者，常常关心能在多大程度上相信他们（资料和信任的问题将在下一章讨论）。但是《一生》的作者会认为这是一个无礼的问题：在他自己看来，他正在说出真相。有什么能比遵循已被人们接受的历史修辞规则更值得信赖，更能让历史著作真正完成它理应完成的任务呢？

事实上，《一生》对我们来说，似乎比第一个千年结束之际撰写的许多历史更加可信。有些历史学家不仅受到了修辞观念的影响，而且受到了古典文本之细节模式的影响。兰斯的一位修道士里歇尔（约卒于 998 年）写了一部高卢史。他的资料来源是一位更早的名叫弗洛多德[①]的历史学家，其著作在里歇尔的修道院里就能找到。里歇尔用更为“古典的”风格重写弗洛多德的著作，力求达到西塞罗和萨卢斯特所推荐的从容、华丽和流畅。弗洛多德所提供的事实则被抛到一边，任其自生自灭。当一个“令人愉快的”典故出现时，里歇尔会任其践踏的确很乏味的事实记述。早期的卡佩国王们被描写成罗马的凯撒那样的人物——一群穿着官袍的帝国法律制定者（事实上他们更容易出汗，穿得也没那么体面）。可是里歇尔不会认为让风格压倒内容有什么不妥。以下是关键所在：他（和其他许多历史学家一样）

① 弗洛多德（894—966），法国历史学家，著有《编年史》，按时间顺序记载了919年至966年发生的重要历史事件。

是在讲故事以供消遣。

随着中世纪的延续,修辞仍然保留在历史编纂中,但是另一些要素开始出现了。在中世纪,历史学家这个行当所能接受的手段是古典的写作和修辞模式,以及由口述、年鉴和其他编年史提供的关于过去事件的资料。撰写历史常常只是一种针线活,为了某个目的而将那些关于过去的已被接受的要素缝合起来。然而,事情开始发生变化了。马尔梅斯伯里的威廉(1095—1143)——马尔梅斯伯里修道院的图书管理员——写了大量的历史著作。我们能看到他的写作方法中显著的现代特征。他搜寻资料和文献(像一个历史学家应该做的那样谨慎地引用它们),并和人们交谈以调查最近发生的事件。他苛刻而多疑——这是历史学家的两种现代"美德"。"我不想让徒劳无益的想象妨碍读者们的期待,"威廉写道,"抛开一切可疑的材料,我将陈述可靠的真相。"

威廉的目标是客观性和没有偏见的记述。有两个问题横在这个目标面前:虽然他对资料很苛刻,他仍不得不跟随它们,因而常常在不经意间混入了它们的偏见;威廉想做的要比叙述实际发生之事更多,他还想要解释它。这就涉及猜测(合理猜测的艺术是现代历史学家的第三种美德),猜测反过来又使关于人性的理论成为必要。威廉相信人类总是基于自己的利益行事。他没有为此而谴责人类,但他常常借助这一点来解释事件的原因。这又是现代历史学家所熟悉的(我们不相信任何人)。但是,运用怀疑并不等于客观性,威廉对人性的描述也和我们的描述很不相同。尽管他对人性的判断很苛刻,他却时常描述命运无视人们的谋划而使人们过着消沉的生活,又让他们在临终之际得到救赎,就像好的基督徒们那样。他的历史部分表达了——他认为它们**意味着**——上帝是人类事件的终极影响和终极原因。

随后，12 世纪和 13 世纪不再对古典历史编纂的模式进行责难。一群崭露头角的受过教育的人——既有世俗人士也有宗教人士——开始创作历史。历史编纂的主题逐渐拓展，包括了"国家"史、"世界"史（例如马修·帕里斯[①]引人入胜而又怀有偏见的著作）和武士史（例如 15 世纪让·傅华萨[②]撰写的《闻见录》）。撰写历史仍然是为了特殊的目的（奉承一位赞助人、褒奖一座城市、颂扬一位君主），但这些目的正变得更加宽泛和多样。风格和方法也多样化了：傅华萨的写作是为了取悦和奉承他的贵族读者，因而看起来多有杜撰。布鲁日[③]的加尔伯特记述了对佛兰德[④]伯爵的谋杀，并试图理解这一事件对自己国家的重要性，所以他的著作极其谨慎和准确。

现在让我们来看看 14 世纪：

> 我，乔万尼[·维拉尼]，佛罗伦萨的公民……用此书来讲述、纪念这座如此著名的城市，它的根源和来历、不幸的和幸运的变化，以及过去所发生的事情……为未来的

① 帕里斯（1200？—1259），英国历史学家、本笃会修士，著有《大编年史》。

② 傅华萨（1337—1405？），法国历史学家、诗人，著有《闻见录》，以对14世纪欧洲和百年战争的生动描述而著名。

③ 比利时古城，位于比利时西北部佛兰德平原，现为西佛兰德省省会。

④ 中世纪欧洲的一块伯爵领地，包括现比利时的东佛兰德省、西佛兰德省和法国北部部分地区。

人们提供关于变化、事件及其原因和动机的借鉴;最后他们会学会以强健的灵魂去践行美德、避免罪恶、承受不幸,我们的共和国会变得美好而稳定。

意大利——尤其是佛罗伦萨——开始再次迷恋上了古希腊和古罗马。古典传统从未真正消失,但从14世纪晚期开始,意大利相信自己以一种前所未有的方式重新发现和恢复了古典智慧的荣耀。这在许多方面影响了历史编纂。首先,如维拉尼在其佛罗伦萨编年史的导言中所说,从过去吸取哲学教训的观念再次受到青睐。阅读后来的意大利编年史,我们还会发现其他古典思想要素的回归:命运决定事件,并且存在一种让富人和名人衰落的趋势;历史是为政治家和统治者提供借鉴的储藏库;西塞罗式的修辞术是历史学家最基本的风格。历史著作的数量迅速增长,每座城市都想有它自己的记述,将它与古老的过去相连。

我们这里所说的,当然就是文艺复兴。这并不是当时那些作家们所用的术语;但他们确信自己的"现代时期"在本质上不同于已经过去的年代,因为它是与古代连接在一起的。历史学家开始证明佛罗伦萨是古罗马的直接传承者,意大利公民是古典思想的真正继承者。这种撰写历史的新动机——几乎是在无意之间——使关于过去的观念发生了地震般的转变。历史学家不再把当前所处的时代看作是人类七个世代中的倒数第二个。现在他们(还有我们)谈论的是三个时期:古代、中世纪和现代。中世纪——"黑暗的时代"——是一个糟糕的过渡时期。尽管中世纪的历史著作在15和16世纪仍被复制和出版,因为它们提供了关于古老过去的信息,但普遍的看法是,在4世纪到14世纪之间没有发生任何非常重要的事情。

古代知识的复兴还对历史之外的许多领域产生了影响。事实上，历史编纂也许正在重新成为哲学和诗学的一个子集。经过16世纪，修辞又成了有支配性的灵感之神。风格再一次征服了内容。历史不仅应该写得漂亮，而且应该仅限于那些与它的“尊严”相称的事件和人物。历史学家对“日常生活”的兴趣，不会比伟大艺术家们为农妇作画的愿望更强烈。

修辞还导致了特定的写作风格(颇似巴洛克音乐中半定型的复调)。历史学家坚定地遵循古典模式，去描述伟人的“性格”、虚构而夸张的战斗场景，以及最重要的——那些伟大的讲演。特别是在进入战斗的前夕，文艺复兴时期描绘的历史人物会发表气势恢宏的长篇大论，好似莎士比亚的英雄们一样。一位历史学家笔下的指挥官是这样开始的：

> 我忠诚的士兵和好朋友们，现在是擦去一切丑名污迹的时候了，如果你们的名誉在瓦尔纳的那次不幸失败中受到了损害的话。现在是你们恢复自己的忠诚和勇敢之名，为自己报仇的时候了，因为你们在邪恶的土耳其人和不信教的伊斯兰教徒手下受了那么多委屈和伤害。

他这样持续了好一阵子，提到了暴政、自由、妻子、孩子、家乡、上帝等等。大概土耳其人也在开战之前耐心等待着这场冗长演讲的结束，或者他们自己也在进行一场同样风格的演讲。

16世纪宗教改革导致基督教内部分裂之后，修辞开始再次与宗教辩论结盟。新教历史学家们借助历史宣称：首先，他们的宗教具有比路德久远得多的先例(包括中世纪产生的异端)；

图6 对意大利雇佣军统帅巴托洛米奥·科勒奥尼的描绘，展现了文艺复兴时期对英雄姿势的热爱。(安德烈亚·德尔·韦罗基奥，1496)

其次，罗马天主教会腐败已久。天主教历史学家则从另一个方向进行反击。在某些地区，这种历史编纂之争从未真正停止过。但“历史”显然是服务于它的从业者的。

同样，对于这些历史学家来说，这就是全部意义所在。但是批评的确在他们那个时代就开始出现了。如果历史正在变成虚构的或有偏见的，那么坚持像“事实”这样枯燥乏味的东西还有什么意义呢？如果意义是哲学上的——一种比实际发生之事更“高级”的真实，那么诗歌不是已经把这类工作做得更好了吗？这些怀疑不仅指向现代早期的辩论家，也开始指向古代历史学家和各种历史著作。菲利普·锡德尼爵士①（1554—1586）讽刺地写道：“历史学家……身上装满了被老鼠咬过的古老记录，授权自己……凌驾于历史之上，他们最大的权威就建立在显然是道听途说的基础上。”历史陷入了某种危机。

历史学家以一系列为历史辩护的形式做出了回应。让我们挑选一个：让·博丹②的《理解历史的简易方法》（1566）。

> 虽然有许多历史的颂扬者……可其中没有一个赞誉比“生活大师”更诚实、更贴切。

这是挑战性的言辞！在一部冗长、详细而坚定的方法论著作中，博丹认为历史对于教育社会正确地指挥战争、处理国家和政治事务是至关重要的。这种看法并不新鲜——想想希罗多

---

① 英国文学家、政治家，曾任伊丽莎白一世的朝臣。

② 博丹（1530—1596），法国政治思想家、法学家，近代主权学说的创始人，著有《国家六论》、《理解历史的简易方法》。

图7　让·博丹，《理解历史的简易方法》的作者

德，但是对于理论的应用却是惊人地彻底。《方法》中包括了以下内容：对神灵、自然与人类历史之关系的讨论；基于从普通到特殊的原则选择所读之书的方法；历史学家按照主题编排的范围广泛的书单，从《旧约》直到最近作家的作品（虽然也包括少得令人生疑的中世纪作品）；以及最重要的，有一章阐明了历史**读者**应该如何怀疑过去的历史学家，怀疑他们的目的、方法和偏见。

博丹具有怀疑精神这一美德，显得非常"现代"。但其间仍然有所不同：《方法》的大部分内容涉及在历史、占星术、体液理论、数字命理学的基础上辨别不同民族在地理方面的本质特征。博丹的方法所指的"真相"，实质上是透过文艺复兴晚期的"科学"知识去理解上帝的神圣计划，其中的许多内容现在在我们看来是很古怪的。但是即便如此，博丹毕竟把"真相"放回了议事日程。

所以到 16 世纪末，历史又再次着眼于过去的"真实故事"。有必要记住，每一个时代人们都用不同的方式去着手探究过去：绘画、音乐、实体、诗歌、文学。本章所讲的故事，部分是为了表明历史记述的某些组成部分是从何而来的。但部分也是为了指出"历史"对于不同的人总是意味着不同的事情。

本章不应该被理解成一个描述人们在撰写过去方面变得更好、更聪明的"进步"故事。这样做会错过关键所在。所有这些历史学家都尽力去理解被他们视为可能的过去。我们会——从**我们**当前的立场——看到某些尝试比另一些更加准确。但这是根据**我们**对何为"真实"的看法得出的。过去的人们对于真相、对于撰写先前时代的真实故事的意义，有着不同的看法。

这部分源于作者撰写历史的特定**目的**。有人提出撰写历史

图 8 古希腊历史学家希罗多德和修昔底德的双面半身像，前者钟情于故事和人民，后者热衷于政治和国家。

是一种自然的和必要的活动:历史之于社会,正如记忆之于个人。历史当然是非常有力的;可要是回头看看那波尼德斯、优西比乌斯、布鲁日的加尔伯特或者乔万尼·维拉尼,我们就会看到,人们撰写过去是由于他们自己时代的特定环境和需要。理查德·萨瑟恩指出,11 世纪和 17 世纪的交替时期之所以出现了历史编纂的热潮,是因为这些时期正在经历特殊的骚乱和动荡。在这里,历史服务于一个目的:给人们以认同感。在这个意义上,它就像记忆一样。但它是**谁的**记忆?有**哪些**事情要记忆?

本章所有的历史学家都倾向于选择记忆某类领域的事情:伟人、教会、政府、政治。这种模式部分是由希腊人提出的:不是由希罗多德,他的兴趣涉及更多样的主题;而是由他的继承者、撰写《伯罗奔尼撒战争史》的修昔底德[①](约公元前 460—前 400)。修昔底德只关注最近发生的事件,这样他可以避免使用更具欺骗性的关于过去的书面资料,而去依靠目击者的陈述和他自己参加战争的经验。他用下面的话含蓄地批评了希罗多德,对这位早期历史学家的记述做了修正:“实际上,大多数人都不愿花费气力去发现真相,而更倾向于接受他们所听到的第一个故事。”他直言不讳地说,历史与政治和国家有关,而与其他任何事情无涉。阿纳尔多·莫米利亚诺[②](一位现代作者)评论道,修昔底德把自己关在政治史之塔中,还想把我们所有人都束缚在那里。我们如何逃离那座塔,这是下一章所要探讨的。

---

① 古希腊历史学家,曾作为雅典“十将军”之一参加伯罗奔尼撒战争,代表作为《伯罗奔尼撒战争史》。

② 莫米利亚诺(1908—1987),意大利裔英国历史学家,擅长古代史和史学史研究,著有《希腊传记的发展》、《历史编纂研究》等。

第三章

“事实是怎样的”：真相、档案和对旧事物的热爱

1885年，九十岁的利奥波德·冯·兰克[①]坐在他柏林的书房里，创作自己最后的历史著作。他已经无法阅读，记忆力衰退了，写字也很困难。通过向忠实的助手口述自己的话，他对自己作为一名历史学家的一生做了简单的描述。他讲到自己还是一个年轻人时怎样开始对历史感兴趣：他的大学讲师、他的哲学阅读以及他从沃尔特·司各特爵士[②]的历史小说中得到的乐趣。关于最后一个主题，他说道：

> 我满怀兴趣地阅读这些作品，但我又对它们持有异议。书中对秃头查理[③]和路易十一[④]的处理方式和其他内

---

① 德国历史学家，强调认真研究第一手材料，是近代客观主义史学的创始人。

② 司各特（1771—1832），英国著名历史小说家和诗人，著有《艾凡赫》等二十余部历史小说。

③ 秃头查理（823—877），加洛林王朝的西法兰克国王，875年成为法兰克帝国的皇帝（称查理二世）。

④ 路易十一（1423—1483），法国瓦卢瓦王朝的国王，法兰西国土统一的奠基人。

图 9　年长的学者和创始人利奥波德·冯·兰克

> 容一起让我很不愉快，它们似乎……与历史证据完全相反。我研究了……当时的记载……确信司各特所描绘的秃头查理或路易十一从不曾存在过。……这种比较使我相信，历史资料本身要比浪漫的虚构更加美丽，而且无论如何要更加有趣。我彻底厌倦了虚构，下定决心在自己的著作中避免任何捏造和想象，严格忠于事实。

兰克经常被称为现代历史编纂之父。他论述这份虚构的遗产目的在于呼吁人们关注“证据”，要求历史学家能够也应该写出“科学的”和“客观的”历史——如果他们坚持不懈地回到文献档案中去的话。他的历史哲学被浓缩在一句广为引用的名言中：“仅仅说出事实是怎样的。”

在这一章里，我们将不仅把兰克当作我们的起点，而且把他当作我们的目标。有充分的理由（如我们即将看到的那样）对兰克“现代历史编纂之父”的资格提出质疑。也有充分的理由（如我即将论述的那样）想要逃避他仍然具有的某些父亲般的影响。可是，兰克——一位回忆和重新想象着自己显赫一生的老人，始终追求有证据支持的真相——成了一个有用的界标。他对“客观”历史的信仰，使他与我们在上一章遇到的作者们相比，无疑显得更加“现代”。为了实现这篇简短叙述的目标，我们将把兰克作为现代历史编纂的开端，并在以下的主题章节中阐明兰克**之后**的历史思想。

接下来，本章将要叙述16世纪到20世纪之间历史编纂的某些发展。这是一个复杂的故事。我们将遇到许多也许不会把自己看作“历史学家”的学者，但他们仍为我们今天所称的“历史”贡献了特定的要素。所以，为了简化任务，让我们采用某些特定主题作为堆石界标来指引我们的路线：真相的问题，如何利用历史文献的问题，以及过去与现在之间的“区别”问题。在随后的章节里我们可以更深入地探讨其中的每一个主题。至于现在，它们将为我们的路线做上标记。

上一章的结尾处提到，“历史”在16世纪遭到了怀疑主义者（“皮浪[1]主义者”）的围攻，他们认为历史是不准确的和无用

① 皮浪（公元前365？—前275），古希腊哲学家，被视为怀疑论的始祖。

的。他们所谴责的“历史”大部分是**运用了修辞技巧的**历史，这种历史由文学创作的古典准则所引导，由既要提供精练的叙述，又要从过去的政治事件中提出惩戒性“教训”的双重期望所驱动。让·博丹为历史所做的辩护是哲学性的和理论性的。但还有另一些历史的捍卫者采用了很不相同的路线，他们的方法和目标在很多方面预示了兰克对文献准确性的渴望。

捍卫历史“真相”的最初驱动力（就像在早期基督教时代一样）来自宗教冲突。这一点看起来可能有些奇怪，从最无所不在的偏见——信仰中发展出了用于获取客观真相的手段。但是在审视16和17世纪的时候，我们看到了这样的文化，它们认为事实“真相”与宗教“真相”被捆绑在一个无法逃避的统一体中。问题不仅在于关于过去的真相，而且在于关于上帝的真相。

新教和天主教都用历史来支持它们相互对立的对于权威性的诉求。在新教一方，历史被当作特殊的派别武器，用来证明它的信条具有更长的历史，或者用来贬损罗马教会。天主教拥有更可靠的过去，对历史的处理方式也更具建设性，它试图回到自己的过去去寻找合法性证据来进一步巩固其信仰。双方作者都把文献作为证据的一个来源。例如，新教学者弗拉西乌斯·伊利里库斯[①]在16世纪中期召集了一队工作人员。他们复制和校订中世纪的文献，作为罗马天主教长期“腐败”的证据，并声称“新教徒”早在路德之前就已经存在了（恰好还包括我们在第一章里见到的中世纪异教徒）。在天主教这一方，17世纪中期

① 伊利里库斯（1520—1575），威尼斯宗教改革家、新教神学家、教会史学家。

许多被称为博兰德会[1]修士和莫尔会[2]修士的教会学者编纂了教会史和殉教史，譬如纪念碑式的《圣徒行传》[3]。这些学者和与其类似的其他学者，大量地使用了文献证据。然而，他们的方法相对比较简单：关键就是大量搜集可用于防御敌人攻击的证据。

更复杂的是分析古文物学家提供的文献。如今"古文物学家"这个术语往往带有贬义，指幼稚无知、不通世故、迷恋过去的人。早期的人们有时也持这种负面观点。1628 年，一个叫约翰·厄尔[4]的人（也许是开玩笑）将古文物学家刻画为这样的人："对旧时代有着不自然的病态迷恋，满脸皱纹，（像荷兰人喜欢奶酪一样）热爱一切陈腐不堪、被虫咬坏的东西"。古文物学家热爱过去。这里"古文物学家"与"历史学家"之间有着重要的区别。我们不应该想象这两个词语描述的是相互分离的学者群体；实际上这些人相互通信，认为他们从事着共同的行业。尽管如此，但是概而言之，"历史学家"从宏大而有教益的西塞罗式的故事当中吸取灵感，撰写范围广阔、引人入胜的历史。与之相反，古文物学家则收集一切能够找到的、与过去任何时期有关的、他们所喜好的事物。他们没有什么重要的故事要讲，只有强烈的热爱要表达。

---

① 由比利时天主教耶稣会修士所建立的修会，以编纂出版《圣徒行传》而知名。

② 由法国天主教本笃会修士所建立的修会，致力于历史和神学研究。

③ 罗马天主教记载圣徒和殉道者生平事迹的著作。

④ 厄尔（1601—1665），英国作家、神学家，曾任威斯敏斯特教长、伍斯特主教。

图 10 “……陈腐不堪、被虫咬坏”——奥雷·沃姆笔下的古文物学家的古董橱柜（1655）

但正是专攻许多不同领域的古文物学家，创造出了经由保留下来的文献和资料研究过去的手段。这时我们的第二个主题出现了：对文献的使用。最初的变化灵感仍然来自宗教。1439年，洛伦佐·瓦拉[①]（1406—1457）针对也许是基督诞生以来一千四百年间最著名的文献，撰写了一篇也许是最著名的文献分析。这份文献就是《康斯坦丁赠礼》，它旨在记录4世纪时叫这个名字的罗马皇帝赠与基督教会的礼物和权利。在整个中世纪，《赠礼》是教会宝库中最有效的一件武器。瓦拉证明它是一件伪造品。

至少从12世纪开始，就有其他人对《赠礼》提出怀疑。但是瓦拉（应该注意到，他的动机来自**破坏**教皇制度的真诚愿望）以新的方式表达了自己的批评。他聚焦于这份文献的**语言**。通过分析它所使用的拉丁文风格和所提供的细节，他以雄辩的华丽辞藻断言，这是一份中世纪的赝品：

> 让我们跟这位奉承者[也就是作伪者]谈谈其言辞的鄙俗吧；语言的愚蠢使他的厚颜无耻昭然若揭，还有他的谎言！

瓦拉是一个"文献学家"，一个研究语言的学者，他注意到《赠礼》的拉丁文根本不像4世纪的"古典"拉丁语，而它声称是来自那个时候的。瓦拉将这份文献中的拉丁文描述为"野蛮的"拉丁文，因为他像大多数文艺复兴时期的学者一样，认为从古典晚期到自己时代之间的一切事物都代表了知识和优雅风度

① 意大利人文主义者，以撰写《君士坦丁伪赠礼考证》而闻名于世。

的衰退。因此，瓦拉受到了两种偏见的影响：宗教和语言的纯洁。但是将文献学运用于历史文献，就提供了两种探究过去的新思想。首先，人们可以根据其内部特征来鉴定一份文献，从而形成某种标准来判断历史记录中的什么是“真相”。其次，语言（因而还有文化）在不同的历史时期里是**变化的**；随着时间流逝而变动的不仅是统治精英的命运，还有人们谈话和生活的方式。

这超出了对罗马教会的抨击，它涉及我们的第三个主题，即过去如何不同于现在。瓦拉认为语言对于塑造社会是至为重要的。他所理解的罗马“帝国”就是任何讲拉丁语的地方，因为彰显罗马独特性的基本要素，是与他们所说的语言和他们理解世界的方式缠绕在一起的。这样，瓦拉不仅为严肃的文献分析之路树立了一块里程碑，而且把语言和文化研究再次引入了历史。历史包含比政治“事件”更多的内容，这一观念第一次逃离了修昔底德的政治史之塔。

这些观念及其寓意并不完全出自瓦拉，也没有直接引起历史实践的革命。瓦拉不是一位“历史学家”，发展这些主题的那些人也不是。他们毋宁说是研究拉丁语之演变的文献学家、试图净化罗马法的学者、用古钱币重建新的古代图景的古钱币学家，以及想要收集与特定地理区域的历史有关的一切细节的地志学家。约翰·迪伊[①]（1527—1608）将地志学定义为这样的一种实践：描述“地面上的版图或区域”，其中“略去了……地面上能够见到的不重要或奇怪的事物。有时也描述地下的事物，对金属矿藏、煤矿矿井、采石矿场之类做上某种特殊的记号或警示”。或许这不是最好的说明，但当时迪伊在从事地志学之外还

① 英国伊丽莎白一世时期的地理学家、数学家、天文学家和占星家。

图 11　古文物学家威廉·卡姆登

是一位巫术占星家，人们相信他还参加了女王伊丽莎白 ·世的特勤组织。如果他趋向神秘，我们不必感到惊讶。

在16世纪晚期和17世纪，这些古文物学家的追求在整个欧洲越来越流行，因为文献学家、古钱币学家和地志学家共同分享着对“陈腐不堪、被虫咬坏”之物的热情。甚至在19世纪，业余学者们还会追忆这些古文物学家，称他们是自己的先驱。如今历史学家使用的许多文献汇编，都是这些维多利亚时代团体的产物：比如卡姆登学会、剑桥古文物学会和达格代尔学会。卡姆登学会得名于英国最著名的古文物学家威廉·卡姆登（1551—1623）。他的巨著《大不列颠》写于16世纪末，旨在从现存证据中重建在罗马统治下不列颠的每一个已知细节。卡姆登及其仿效者的目标，没有受到西塞罗修辞式撰史模式的影响。他试图拼凑一幅图画，而不是讲述一个故事。不过卡姆登对历史**证据**的贡献，无论是文字的还是物质的，后来都被彻底融入了历史编纂之中，以致现代历史学家常常忘记自己受了谁的恩惠。

古文物学家给了我们调查文献证据的工具。“皮浪主义者”对历史的挑战指向历史记述不准确的地方，主张人们应该因此抛开对这种文献的信任。古文物学家的反应——尤其是当它慢慢被历史学家所采用的时候——为鉴定过去的记述是否准确提供了方法，但它也暗示，细致的分析能让研究过去时代的学者从胡言乱语中筛选出真相。弗朗索瓦·博杜安[1]（1520—1573）是一位想要弄清罗马法律（进而想弄清其统治体制）从过去到当代如何演变的学者。他看到了将历史研究与法学相结合的可能性，试图“清除历史中的神话”。博杜安提出，一个历史学家应该像一名**律师**那样：在相互冲突的记述之间进行取舍，力图建

① 法国法学家、历史学家，著有《世界史的结构》。

图 12　不列颠地图，摘自卡姆登的《大不列颠》（1607 年版）

立事件发生的准确顺序，以冷静、客观的怀疑态度对待“证物”（文献）。这听起来也许非常熟悉；我在学校里就被教导（或许是因为它听起来令人激动），历史学家就像是一位调查犯罪行为的侦探。律师就是博杜安时代的“侦探”。

我们不能完全相信这种“客观性”的断言。有些历史学家是受宗教战争所激励的，例如雅克-奥古斯特·德·图[①]（1553—1617），他写于17世纪初的著作试图（虽然并不成功）提供一种“诚实的”欧洲史记述——它可以缓解宗教冲突，使法国走向稳定。另一些历史学家，例如让·杜·蒂耶（卒于1570年），是在一种民族主义的驱动下从事档案研究的：从历史的和文献学的角度确定德国人是法国人的祖先（这样德国人就会作为最古老的民族而受到崇拜）。所以这些人的目的性都很明确，但他们的确创造了为我们所继承的新方法和新工具。他们在档案中与原始资料为伍。他们在对事件的后来记述和“证物”提供的证据之间看到了差别。他们承认所有历史时代都是不同的，通过分析人们所使用的语言，可以着手探究他们表达自己对周围世界的看法的不同方式。他们试图修正错误，弄“清楚”。例如，德·图给全欧洲的学者写信，出示自己著作的草稿，希望他们能指出不准确的地方，填补遗漏的细节，验证某些材料为真或为假。到文艺复兴时期，历史已成为某种创作。文艺复兴之后，有了工作和研究方法，历史就更是**如此**了。

这里所勾勒的变化也许暗示着，第二章里提到的历史学家是在创造“真实的**故事**”，而本章的历史学家则以“**真实的**故事”为目标。正是从瓦拉到博杜安的时期，形成了使用资料的方法和原则，力图确定历史“真相”可以通过证据来证明。这些变化

① 法国历史学家，著有《他自己时代的历史》。

的结果之一是形成了关于过去如何不同于现在的更微妙的看法。不过我们必须注意到，16 和 17 世纪之后，古文物学不再兴盛，对“真相”的强调并未得到普遍的支持。但是，如果我们想象历史学家总是在“真相”和“讲故事”的两极之间来回摆动的话，我们将会更好地理解当前复杂且纠缠不清的记述线索。

当我们进入 18 世纪，一个总是与通常所称的“启蒙运动”联系在一起的世纪，历史的“真实故事”与哲学问题发生了关联。历史的这个新目的影响了历史学家对过去时代和历史文献的看法。伏尔泰[①]（1694—1778）评论道：

> 让细节见鬼去吧！后人会把它们全都抛开。它们是侵蚀宏伟著作的一种寄生虫。

伏尔泰对历史细节的明确排斥，也许会让我们怀疑启蒙运动中的学者恢复了皮浪主义者对历史的拒绝态度。对启蒙运动的这种看法在 19 世纪的确很流行，那时的历史学家想把自己描述成前辈们的反对者。但事实上，我们在 18 世纪拥有的是一种非常不同的驱动力，一种让历史与启蒙思想家所关心的主题（理性、自然和人类）**产生关联的**愿望。诸如伏尔泰、休谟[②]、维柯[③]、孔

① 法国启蒙思想家、哲学家、作家，著有《风俗论》、《路易十四时代》等。

② 休谟（1711—1776），英国哲学家、历史学家，近代怀疑论哲学的代表，著有《人性论》、《人类理解论》、《自凯撒入侵至1688年革命的英国史》等。

③ 维柯（1668—1744），意大利法学家、历史哲学家、美学家，代表作为《新科学》（全名《关于各民族共同性质的新科学原则》）。

图 13 伏尔泰，历史学家、作家、哲学家、剧作家和重要的启蒙学者

多塞[①]等作者，是在利用对过去的研究来探讨“大”问题——有关人类存在的性质和周围世界的运行。他们的兴趣为再次逃离修昔底德之塔提供了可能。正如自然科学中的新现象正在进入科学家的视野，对于通晓哲学的历史学家来说，仅仅涉及事实积累和政治事件是不够的。世界——无论是现在还是过去——首先是**复杂多样的**。启蒙运动中的历史学家不仅对统治精英的决定感兴趣，而且对地理、气候、经济、社会结构和不同人们的性格感兴趣。如果科学家能够指出自然世界中让人难以置信的相互联系的话，历史学家也应该尝试以类似的复杂方式去理解过去。

讨论启蒙运动期间的“一种”历史观念是很困难的：如同任何其他的知识领域一样，18 世纪的特征与其说是某种单一的思想模式，不如说是它的多样性和对于辩论的热衷。（莱昂内尔·高斯曼[②]曾有用地提出，在讨论“启蒙运动”的时候，我们想象它是一种“语言”或共同的言语模式，而不是任何一套广为采纳的原则。）尽管如此，我们或许能够挑选出一些重要的主题，因为它们与历史编纂的演变和对过去的看法有关。

首先是过去本身：它并非如此简单。植物学和地质学的发展使各种各样的思想家得出结论：世界要比《旧约》所承认的古老得多。如果《圣经》对六天造物的记述是“真实的”，那也不可能是在实际意义上，而是在象征意义上。时间本身的延伸——虽然极具争议——必然会挑战过去的假设。上帝在历史上扮演的角色不得不重新确定。对某些作者来说，完全可以将上帝忽

① 孔多塞（1743—1794），法国哲学家、启蒙思想家，著有《人类精神进步史》等，提出了著名的“孔多塞投票悖论”。

② 当代历史学家，著有《在历史与文学之间》等。

略不计。另一些人则把上帝的旨意想象为“神圣的天意”：巧妙地指引着人类的历史进程并充当其终极的原因。“天意”并未引起所有历史学家的兴趣，而且可能会导致某些奇怪的假设。18世纪中叶的德国历史学家指出，相信这是“天意”，往往会促使某些作者（比如天赋平平但阅读极广的约翰·许贝纳）接受似乎能说明上帝存在的**任何**历史传说。例如，许贝纳在他的美因茨史中写入了“老鼠塔”的故事。在这个故事里，美因茨大主教哈托将许多乞丐活活烧死，并喊叫着“听！听我的老鼠们尖叫！”结果他遭到大群好斗老鼠的袭扰，虽然逃到莱茵河中游的一座塔里避难，最终还是被追捕者吃掉了。许贝纳坚持认为这段记述具有事实上的准确性，其理由是在莱茵河中游的确有一座“老鼠塔”，这个故事非常古老、广为人知，就像《圣经》里关于青蛙或蝗虫灾害的故事一样有根有据，而且（他声称）823年的波兰发生过类似的事件！

幸运的是，并非所有历史学家都认为这种关于真相的方法论是完全可以接受的。

可是，如果“天意”被抛弃的话，历史学家仍然需要一种因果关系理论。两种相互竞争的模式出现在他们面前：偶然性和伟人。前一理论用这种观念玩哲学游戏：任何伟大的事件都不是计划好的或有意图的。伏尔泰在其《一个婆罗门和一个耶稣会士之间的对话》中，将亨利四世遇刺的原因归结为那个婆罗门出门散步时先迈的是右脚而不是左脚。对那些坚持“伟人”理论的人来说，事件发生是因为非凡的个人促使它们发生。来自第二阵营的一个极端例子（而且完全没有伏尔泰式的顽皮幽默）是约翰·费希特[①]（1762—1814）对亚历山大大帝的评论：

① 德国哲学家，著有《全部知识学的基础》、《自然法学基础》等。

无须告诉我追随他的道路的千万人，无须谈论他自己接踵而至的早逝——在其理想实现之后，对他来说还有什么比死去更伟大的呢？

这对孪生信念——“理性”是一种抽象的、超越历史现象的压倒性力量，以及，天才个人为自己的哲学使命所煎熬——为现代听众拨动了令人恐惧的琴弦。

启蒙运动还提出了另一个信念：人性具有永恒的普遍性。大卫·休谟（1711—1776）写道：“所有时代和所有地方的人是完全一样的，历史在这一点上没有说出任何新鲜的或奇特的事情。它的主要用途不过是发现永恒而普遍的人性准则。”中世纪历史学家倾向于假设过去和现在一样，但是休谟所表达的却略有不同：不是对超越历史的相似性的“假设”，而是（如他所见）对它们的**发现**。在这里历史受到了自然科学逻辑的影响，后者相信世界在本质上是静态的，受到规则的支配，而这些规则能通过仔细探究来加以理解。休谟相信历史研究与之相似，能够揭示构成“人性”的那些基本要素。

探寻主题带我们回到古文物学家的遗产。在许多方面，17世纪的古文物学——它强调文献的细节和不同时期间的历史差异——与早期启蒙运动中更宏大的哲学式历史之间存在着张力。但是18世纪也经历了这两种要素的结合，将它们融入了某种更类似于我们今天所知的历史。一个伟大的例证是爱德华·吉本[①]（1737—1794）的著作。《罗马帝国衰亡史》篇幅长达一百五十万个词，涵盖了从古罗马到中世纪晚期的欧洲历史，与我们上面所提到的其他历史著作都不相同。它的主题并不新

① 英国历史学家，著有《罗马帝国衰亡史》。

图 14　爱德华·吉本(据说是黛安娜·博克拉克夫人所作)

颖,虽然吉本分析一种文明衰落过程的尝试在此前或许还没有人做过。它的方法也不新颖,因为在这里吉本显然得益于古文物学家的技巧。其与众不同之处在于:今天它仍在被阅读。

好了,这是一种稍有些狡黠的说法。有些更古老的历史学家也在被阅读,尤其是古希腊的历史学家。吉本仍被阅读,却不再那么被信任。但是《衰亡史》提供的是这样一种历史(这就是为什么书社仍在刊印其各种版本):将西塞罗式的叙述风格、启蒙哲学的探究方法,和古文物学的资料分析熔为一炉,取得了令人满意的效果。这不是说吉本在其中任何一个领域都很出色:他从未去过档案馆,而是依赖已经出版的文献汇集;他的写作风格很优雅,但间或有些傲慢;《衰亡史》最大的问题在于,吉本从未准确地告诉我们罗马为什么衰落,或者一种文明的"衰落"究竟是指什么。尽管如此,吉本仍是——如果不是第一位的话——专职**历史学家**最典型的范例。他不是哲学家、编年史作者,也不是地志学家或古文物学家,而是一位历史学家。

我说过吉本没有"解释"罗马的衰落。更公平的说法或许是,他的解释不是基于抽象的分析,而是基于累积的叙述。与其赞同某种因果关系模式,比如说偶然性,吉本更打算说明历史因果关系的复杂性和异质元素之间无穷的互动关系。在《衰亡史》中,这种对于复杂性的信念并非明言的理论,而是潜在的逻辑, 然而,18 世纪末和 19 世纪初的历史学家——尤其是在德国——开始发展这样的理论。他们对"偶然性"的解释感到不满, 面对复杂性它就立刻投降了; 他们也不相信那些坚持"伟人" 观念的人的哲学和政治。如苏格兰作家托马斯·卡莱尔[①]

① 英国历史学家和散文作家,著有《英雄和英雄崇拜》、《法国革命》等。

(1795—1881)后来所说：

> 谁是人类历史上最重要的角色？是第一个率军越过阿尔卑斯山的人……还是第一个为自己锤打出铁铲的不知名的农民？……法律本身和政治规章并不是我们的生活，只是我们生活于其中的房屋；不，它们只是房屋光秃秃的墙壁：其中所有必需的家具，调解和支持我们生存的发明、传统和日常习惯，都不是德拉古[①]们或汉普登[②]们的功劳，而是腓尼基的水手、意大利的泥瓦匠和萨克森的冶金家、哲学家、炼丹家、预言家以及一切被遗忘已久的艺术家和工匠们的功劳。

特别是从德国启蒙运动后期阶段开始，历史学家越来越相信，恰当地理解历史要做两件相互联系的事情：首先，非常详细地研究档案资料；其次，形成因果关系理论，来将地理位置、社会体系、经济力量、文化观念、技术进步的影响与个人意志之间的复杂关系融合起来。历史正在从政治学和法学转向经济学和我们今天所称的社会学。在这种冲击中，人们会认为修昔底德之塔的确已经变成了废墟。

现在我们要回到兰克，他对历史虚构性的排斥是本章的起点。如他在整个职业生涯中所充分表明的，兰克(1795—1886)把自己视为历史技艺的革新者和救助者。他对文献研究和客观

① 雅典政治家，于公元前621年制定雅典的法典，该法典因其公平而受到赞扬，又因其严酷而遭到指责。

② 汉普登(1594—1643)，英国政治家，反对查理一世的国会领导者，死于英国内战。

历史分析的倡导被许多人（包括他自己）称为是革命性的和激进的，最终将历史牢固地置于“科学的”立足点上。然而，正如我们所见，这一洞见中的许多部分早在兰克时代之前就已经出现了。那么，难道他只是一个伟大的冒牌者吗？

尽管兰克的形象在某种程度上——或许是很大程度上——可以理解为是自我推销，但关于启蒙时期的历史编纂和兰克认为自己所反对的东西，仍有一些值得注意的地方。18 世纪许多最著名的作家创作出“哲学式的”历史，它们与事实本身无涉，而与他们要阐明的关于人类和生存的某些重大问题有关。另一些历史学家也从残存的西塞罗式的历史中汲取灵感，为读者大众（这个群体在 18 世纪得到了极大的发展）创作出用文字写就的美丽故事。所有这些都是由启蒙运动的统一特征促成的：相信自己生活在一个理性达到顶点的时代，在知识、理解力和判断力方面都胜过和超越了以前的任何时代。启蒙运动中的历史学家在骨子里是知识上的势利眼。他们以更多或更少的谨慎调查过去，但首先对过去做出判断。对大多数人来说，过去没有达到他们的高度期望。如一位作家所说：“为了哀悼‘美好的旧时光’，人们不能知道它们是什么模样。”

兰克在暗示着不同的东西。他要对文献进行详细的分析，不让富于幻想的灵感“歪曲”结果，服从审查和验证的“科学”观念，从而能够“仅仅说出事实是怎样的”。历史学家是枯燥记录的详细调查者，是准确问题的冷静而冷酷的分析家，是客观真相的公正而严厉的仲裁者，这样的**形象**至今还留在我们心中（尽管令人欣慰地加入了另一些不那么干瘪的形象）。兰克的研究方法不是唯一的：法国历史学家朱尔·米什莱[1]（1798—1874）

① 法国历史学家，以其生动的十七卷作品《法国史》而著名。

也从档案中汲取灵感，但他的历史著作浪漫而且热情洋溢，迷恋于怪异的人物和边缘群体，譬如女巫和异教徒。米什莱并不总是很准确，但他的才能和想象为后来的历史学家提供了一种可选择的灵感模式。

无论如何，兰克的实情与他的形象略有些不同。他确实使用档案资料——虽然在他之前其他人已经在这样做了，实际上他著作中百分之九十以上的参考文献都是过去学者研究过、出版过的文献。和之前的其他人一样，他的客观性目标部分是达成的，部分是未达成的。那么他改变了什么呢？或许在于两点。

首先，如果吉本如我所说标志着历史作为一种使命（人们因为历史本身而选择去研究历史）的开端，那么兰克则确立了一种作为**职业**的历史。兰克留下的一大遗产是历史学家的工作研讨班，在那里，年轻学生聚集在一位功成名就的学者周围，通过直接研读原始资料来学习技艺。在教育经费许可的情况下，这种模式仍在指引大多数年轻的历史学家熟悉这个行当。

其次是一再出现的格言："仅仅说出事实是怎样的"。这个短小而平淡的句子激发了关于历史实践和历史哲学的许多论著。它是历史学家（不仅仅是兰克）逃离"真实故事"的范式，砍掉第二个带有虚构意味的术语，让历史仅与"真实"相关的一种尝试。我们将在下一章进一步讨论这种观点。现在让我们注意一件事情。兰克说"仅仅说出事实是怎样的"，他其实是在引用一位更古老的历史学家：修昔底德。这是兰克的忠实所在。无论兰克为历史提供了什么别的东西，他又一次回到了政治事件之塔。他的资料是关于统治者、国家、民族和战争的资料。我们再次逃开，却陷入了分裂，因为反对兰克的看法又会将历史编纂分解为完全不同的部分。如今很少有历史学家简单地称自己为

"历史学家":我们是"社会史学家"、"文化史学家"、"女性史学家"、"科学史学家"或者真正的"政治史学家"。这是本书以下内容不打算接着叙述历史编纂发展的原因之一:内容实在太多,不同的分支也太多。作为替代,下一章我们将通过考察特定的主题和问题,更多地探讨 20 世纪的历史编纂。

当然,认为历史编纂的发展"终止"于 19 世纪中期是可笑的。我以兰克作为终点,部分原因仅仅在于,我没有能力将自此以后历史编纂所采用的无数方法构成一个连贯的叙述。但是这种看法也有些道理。自兰克之后,任何类型的历史学家心中最初的、首要的观念就是"真相",它可以通过忠实于资料而着手进行探究或最终企及。自 19 世纪以来,历史声称自己既有实用性又有功利性,这往往是基于认真利用证据,而不是修辞的优雅或哲学的敏锐。

19 和 20 世纪历史学日益制度化,推进了这一进程。历史只是工业革命后逐步"职业化"的大量学科中的一个;实际上,它被确立为大学研究的一个严肃主题,确实比其他某些人文领域更晚。19 世纪晚期,历史学家开始建立职业团体(譬如美国历史学会),创办学术刊物。整个 20 世纪,越来越多的历史学家为博士头衔而学习,在大学院系里工作,并坚持"专业人员"的权威地位。上世纪末历史之所以能职业化,部分原因在于,现代国家维持一个知识分子阶层的经济能力增强了。随之而来的结果之一是出现了历史应该服务于民族国家需要、创作"民族"历史的期望。这在某种程度上限定了不同国家的早期职业历史学家所提历史问题的类型:英国自视为议会民主的顶峰,并为自己的帝国而骄傲;法国人将 1789 年革命视为现代国家创建的开端;德国人颂扬其文化和种族的"优越性";美国假定与欧洲模式间存在“不同”，并为此自豪。历史学的职业化并未将历史学家从其独特文化的需要和偏见中解救出来；如果要说真的有影响的话，那就是这种需要和偏见得到了强化。

既然我得益于这个职业体系，对它发出任何过多的悲叹都会显得很无礼。但是值得注意的是，历史学家为职业地位付出了某些代价。首先，在一般读者大众与专业历史学家之间存在着越来越多的隔阂：一般说来，为学术期刊撰文或者在大学出版社出版专著，意味着为不超过五百人的读者群而写作。对于**每一个**读者来说，许多有趣的、重要的内容被隐藏在了令人不快的大片专业注释当中。其次，成为“专业人员”有时会让历史学家假装超然于现在和过去，并对其做出客观的判断。我们将进一步探讨这些主题，但这里只需注意，“专业的”并不意味着“公正的”，它主要表示“有报酬的”。现在历史学家要靠他们所做的事情谋生，这意味着要应对大学委员会、基金理事会以及要求同行评审的出版人的期望。历史学家和大多数人一样在既定的利益网络中发挥作用。最后，职业化还会导致分裂。很少有历史学家认为自己是一个广阔领域的专家，他们往往以特定的方式从事专门的研究。我不能确定这些分裂是“坏事情”；它们也许是不可避免的，甚至可能是建设性的。但是对我们来说，它们的确意味着“历史”（无论是就历史学家的工作，还是就他们对过去所做的描述而言）绝不能只是**一个**真实的故事。

这一章围绕资料的使用、过去与现在之间的关系、历史记述中的“真相”，考察了相关观念的发展。我试图表明这些问题具有悠久的历史，对它们的回答也多种多样。如果事物在过去是不同的，那么在将来也会发生变化：辩论尚未结束。本书后文将进一步探讨“真相”以及我们与过去间的关系。不过下一章我们会更深入地关注资料，以及历史学家能用它们做些什么。

第四章

声音与沉默

1994 年 8 月 1 日，在诺福克和诺里奇档案馆[①]工作的一位管理人员打开一盏灯，建筑物随之爆炸了。开关里微小的电火星点燃了泄漏的煤气。工人被炸倒，但是活了下来。档案馆却没有。消防队员努力控制火势，工作人员设法挽救保存在那里的文献。当火最终扑灭的时候，三十五万册图书和一些历史记录已被烧毁，建筑物内部也已毁损。

为什么从这里开始呢？这一章和接下来的两章，旨在阐明历史学家怎样展开研究历史的工作。我们将利用原始证据，从历史中探索出一个真实的故事，一个从未被讲述的故事。历史学家的工作始于过去时代的资料和文献，诺里奇档案馆曾经是而且仍然是这些资料的贮藏之所（它也正巧位于我工作的城市）。不仅如此，当事物面临威胁——譬如一场火灾的时候，往往会看得更加清楚。幸运的是，幸存下来的文献要比被烧毁的文献多得多。但是火灾的确破坏了某些几乎同样重要的东西：诺里奇档案馆赖以运作的分类系统。幸存的记录被转移到新的

---

① 诺福克，英国东部的一个地区，意为“北方人”，与萨福克（“南方人”）相对。诺里奇，英国东部的一个地区，位于伦敦东北部。该档案馆在下文里被简称为诺里奇档案馆。

建筑里,档案馆重新向业余爱好者和专业研究者开放。但在人们利用这些资料之前，诺里奇档案馆不得不重新编订目录,安排保存方式,并重新制定查找特定文献的程序。历史学家的工作从资料开始——但只能在档案管理员对那些资料进行分类、整理之后。

历史学家常常提到,被研究的事件发生之时或稍后形成的历史文献是“原始”证据(就像犯罪行为的“第一证人”)。“二手”资料指的是其他晚一些的作家的著作。不过,这只是一种有用的简单说法,并非严格哲学意义上的区分,因为二者之间的界限可能很难划分,而且“二手”资料也是它们自己时代的“原始”证据。

在储藏过去文献的意义上，档案馆已经存在了相当长的时间。至少从 15 世纪开始,诺里奇的公民就很注意将与自己历史有关的文献安全地储存、保管下来。这是因为旧文献是权力的表现,尤其是那些与土地所有权和法律权利有关的文献:出示一份旧(因而是权威的)文献作为证据,有助于赢得一场辩论。当然,在律师搜寻与委托人买房子有关的旧文献时,这一说法仍然是对的。但从 18 世纪前后开始,制度化的文献档案开始出于不那么明确的原因得到保存和管理,部分原因仅仅在于它们很有趣。诺里奇档案馆只是数以千计的档案收藏处中的一个。大多数国家都有国家档案馆,比如伦敦公共档案馆,或者巴黎国家档案馆。有些档案馆已经衰败并几乎被遗忘了,比如纽约市的一家,我听说无家可归的人有时就睡在其书架中间。还有一些是私人档案馆,属于家族、公司或宗教团体所有,历史学家必须得到特别许可才能使用它们。有些档案馆是关闭的、不允许使用，包括（直到最近）东德共和国的档案馆和梵蒂冈档案馆的一部分。偶尔也能在其他地方发现大批的资料。最近一位历史学家找到了许多14世纪的宗教文献，它们被存放和遗忘在一座意大利教堂的钟楼里。不过，这样的发现很少见，这些东西通常会以被关进某地的档案馆而告终。

档案馆不仅仅是仓库。它们是系统化的信息库，由专业人员照料和呵护着。这一点由于两个原因而显得重要。首先，过去的资料不是以内在一致的整齐模式保留下来的。只要想象一下，如果本书各页不是按照数字顺序装订在一起，而是杂乱一堆地交给你，会是怎样。需要很长时间才能弄清它在说些什么！档案管理员将过去的遗存之物按照某种顺序存放，以便其他人能够使用它们。其次，现存资料的数量非常庞大。仅诺里奇档案馆就收藏了大约两**百万**份不同的文献。一位历史学家将它们全部浏览一遍，需要花费相当长的时间。作为替代，档案管理员花费时间编出一些被称为“查档指南”的东西。它们是文献目录，通常附有简单的内容提要，以便历史学家知道要让档案管理员把什么拿给他（她）。

那么什么是“资料”呢？令人惊讶的是，直到现时之前，它都是某种排他性俱乐部的物品：绅士学者对资料进行评估，就其准确性和“完整性”做出判断，得出适当的结论，同时评判资料中的观点是否公正。某种资料据说比另一种“更受欢迎”——因而被允许穿越历史编纂的坚固的橡木门。这些资料大多属于**叙述性**文献：编年记事、回忆录、政府记录、过去的史书。19世纪和20世纪期间，这个俱乐部大大扩张；资料开始包括更多的项目，诸如遗嘱、书信、买卖记录和其他财会账目、税收文件、法庭记录等。我们随后将会看到，更多的资料引发了更多的问题；而更多的问题又导向了更多的资料种类。

事实上，资料可以是任何为我们留下过去痕迹的东西。它可以是记录土地交易的一张契约，提供证人辩词的一个法庭判例，为不知名的听众所做的一次布道，关于书籍、股票、价格、货物、人口、家畜或信仰的一张清单，被遗忘的面孔的一张绘画或照片，书信、回忆录、自传或者涂鸦之作，展现其权力和财富的富人的建筑（或者呈现出另一面的穷人的住所），故事、诗歌、歌曲、谚语、下流笑话、感到厌倦的抄写员或灵巧的评注者写在页边的晦涩评论。资料可以是上千种东西；它可以是法官手册页面上的污点，这是拜被审讯者在致敬仪式中的千百次亲吻所赐。它是过去留下的痕迹。

让我们看看来自诺里奇档案馆的一份特殊文献和一份特殊证据。文献是1625至1642年间的《雅茅斯议会记事簿》。大雅茅斯[①]是诺福克的一个沿海城市，距诺里奇约二十英里。17世纪，这座城市由一个公民委员会或"议会"统治，《议会记事簿》记录了他们的讨论和决定。这里所关注的文献是保留下来的第六本记事簿（最早的日期可追溯到16世纪中期）。它是用皮革装订的一大册，长约三十公分，宽约二十公分，包括五百三十六张有编号的对开页和一些空白页。（对开页与普通页不同。我们按每一个页面编号，而17世纪的抄写员是按每一张纸编号。这样每一个对开页都有"正面"和"背面"，现在一般称为"右页"[正面]和"左页"[背面]。所以，五百三十六个对开页意味着这么多的正面和这么多的背面——总共有一千零七十二页。）

① 又称雅茅斯。

纸页摸起来干燥而多皱，比现代纸张厚得多。这本书非常厚（大约十五公分），需要放在特制的垫子上打开以免书脊开裂。虽然《议会记事簿》没有目录或索引，但抄写员留有页边空白以做简短的概要注释，这样只看页边文字就能迅速找到条目。页边辅助工具的存在，表明《议会记事簿》是这座城市作为参考资料所**使用**的东西，而不仅仅是用来填写和遗忘的。

特殊证据则是该书第三百二十七个对开页正面（右页）记载的一个条目，标注的日期是在1635年。页边写有“给伯德特太太每岁二十银币[①]补助金”。相应的正文写道：

> 此次会议，伯德特太太因其丈夫离家前往新英格兰，殊难维持本人及子女之生计，特请本议会提供救济，以解困厄。兹经考量，许其享有库府所颁每岁二十银币之补助。首笔款项将于下一圣米迦勒[②]日开始发放，其后则视本会之喜好继续发放。

历史学是从资料开始的。但正如我在前面所说，历史学家在探寻特定的证据方面常能有所帮助，只要有推动他们去追踪的动力。在这个例子中，有两个“起点”帮助我们找到这份证据。一是诺里奇档案馆里雅茅斯文献的目录，这使人们可以让档案管理员提供正确的卷册。二是来自一位同行历史学家的慷慨建议，她告诉我关于伯德特太太的那个条目可能很有趣。这是很重要的两个步骤，在**每一本**历史著作中都存在类似的东西：将历史学家推向一系列特定资料的线索。历史学家在看到证据之

① 英格兰和苏格兰货币单位，相当于十三先令四便士。

② 基督教《圣经·旧约》中犹太人的守护天使长。

前要做出选择和决定。所以这样说也许更为准确:历史学开始的途径**之**一是资料。另一途径是历史学家本身:他们的兴趣、观念、环境和经历。

现在我们有了自己的证据。接下来怎么办呢? 首先请注意历史学家必须具备的技巧。看看这份资料的照片,再看看上面的印刷版本。它的书法不是很清楚,拼写方式是古式的,某些术语我们也不太熟悉。必须对证据进行破译。这是回到过去的第一步,甚至在问"为什么"之前,首先要设法理解一位去世已久的抄写员写下了**什么**。它的书法及其长环状的字母,是一种被称为"秘书体"的字体。书法在历史发展过程中发生了变化:中世纪的书法相当规则,因为大多数抄写员有充裕的时间来撰写文献。但文献中也充满了缩写,只有负责处理文献的、规模相对较小的抄写员群体才能通晓,而对现代读者来说却不那么清楚。随着识字能力的提高,文献的产生更加频繁,书法变得不那么整齐而且更具个人风格了。到 17 世纪晚期,当(至少在英国)基本的识字能力显著普及的时候,书法可能非常凌乱,因为没有受过多少正规训练的人们急切地把需要记录的东西胡乱写了下来。对书法的研究被称为"古文书学",历史学家利用这种技巧,不仅可以译解古老的文献,有时还能确定它们的年代,因为书写模式可以跟特定的时期大致对应起来。另一些语言技巧对历史学家也很有用。有人学习现代语言,以便阅读外国历史学家的文献和著作。有人学习古代语言,譬如中世纪的拉丁语、古希腊语、古英语或中古高地德语,以便研究用那些语言写成的文献。很少有历史学家具备许多这样的技巧。相反,他们往往出于偶然和本人治史的选择而各有专攻。

信不信由你,《议会登记簿》里的书法非常规则、清晰。某些

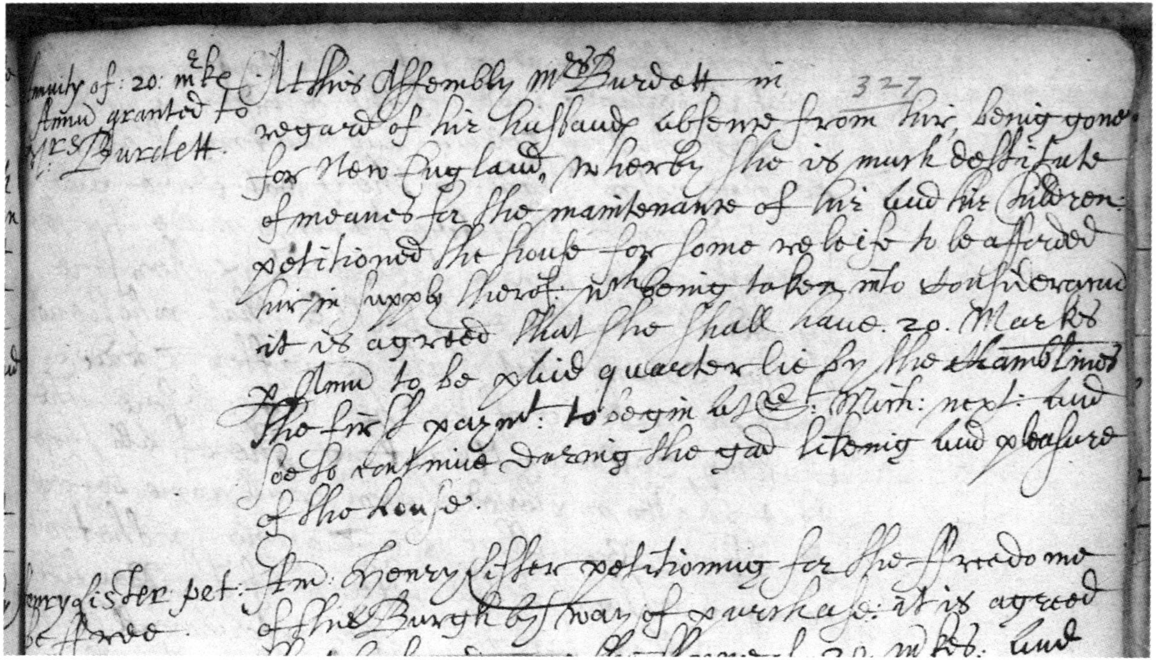

Annuity of: 20: m[ar]ke[s] Annu[m] granted to Mrs Burdett.

At this Assembly Mrs Burdett in regard of her husbands absence from her, being gone for New England, whereby she is much destitute of meanes for the maintenance of her and her Children: petitioned the house for some releife to be afforded her in supply thereof: w[hi]ch being taken into consideracion it is agreed that she shall have. 20. Markes p[er] Annu[m] to be paid quarterlie by the Chamberlines the first paym[en]t: to begin at St. Mich: next: and soe to continue during the said liveing and pleasure of the house.

327

Henry Lister pet: Item: Henry Lister petitioning for the freedome of the Burgh by way of purchase: it is agreed

图 15 《雅茅斯议会记事簿》摘录。注意左侧的页边注释和顶部右侧的对开页编号。

s 看起来更像是 f，某些 r 看起来像 w，但是除此之外，它大概并不比一般医生的处方更难读。其中有几处缩写，抄写员没有写下整个单词，而是在上面划一道线，或者在上方写出一部分：例如，第六行的 which 写作 w^ch^，第八行的 Chamblines（上面有一道线）表示 Chamberlines（或者如我们所拼写的 chamberlains）。其他的古怪拼写很容易译解：hir 表示 her，soe 表示 so，likening 表示 liking。17 世纪的英语拼写尚未标准化，所以某些单词往往按照发音模式来拼写。

我们还需要对背景做一些解释。当时的"新英格兰"和现在一样，指的是其时正处于殖民化进程中的美洲东海岸。伯德特太太将被给予"银币（mark）"，这是一种古老的英国货币单位（二十银币可是很大的一笔钱）。"下一圣米迦勒日"的意思是"下一个圣米迦勒节庆"或"米迦勒节"，是在 9 月 29 日。我们已经提到这份文件是**什么**（一份市政府记录）了。总体而言，这份证据的意思现在应该清楚了：雅茅斯议会同意向伯德特太太每年支付二十银币，因为她的丈夫离开她前往美洲去了。

但它本身并不是"历史"。知道伯德特太太将得到一份年金也许很有趣，但到目前为止，它还缺乏一种语境以赋予其意义或重要性。联系到本书开头，吉扬·德让谋杀案或许是一个比伯德特太太的财政状况更令人激动的故事，但是我们看到，它也需要被置于更宏大的叙事中才能获得更多的意义。从《议会记事簿》中摘录出来的内容，为我们提供了建筑材料，已经锻造成型、备好待用，可是房子本身仍然有待建造。

但要建的是什么样的房子呢？历史学家需要决定他（她）打算建造的是什么，并弄清资料所提示和支持的又是什么。我们还应该搜寻哪些其他的砖块？我们可以从各个方面开始探讨。

我们也许希望发现议会发放的其他年金，然后描绘一幅雅茅斯慈善事业的图景，在本例中我们可以仔细搜寻《议会记事簿》的其余部分（和其他卷册），然后或许会继续搜寻这座城市的其他市政记录。另一方面，我们也许想要查找人们奔赴新英格兰的其他例子。在本例中我们很快会发现，虽然《议会记事簿》各处都有零星的记载，但最好还是去找不同类型的资料，例如根据英国国王的命令制作的17世纪“有资格”前往新英格兰的人员名单。这份文献列出了开往美洲的不同船只的乘客名单，他们的年龄和职业，并简单叙述了他们为何选择离开英国。不同的资料具有不同的用途，有些是显而易见的，有些则不然。《议会记事簿》可用于对雅茅斯市政府的调查，但也能用来讨论社会、宗教、政治、性别，等等。

此外还有其他的问题有待解决。我们需要确定，比如说，我们正在考察的东西不是伪造品。在伯德特太太的例子中，这似乎不太可能：上述引文与其他条目整齐划一，用同样的书法写成，因而没有证据表明它是后来窜改进去的。除非我们认为整个《议会记事簿》——整整上千页的文字——都是伪造的，否则就没有理由不相信这份证据。不过，并非所有历史文献都是伪造的；有过著名的伪造品，比如受到洛伦佐·瓦拉批评的《康斯坦丁赠礼》，以及最近臭名昭著的伪造的《希特勒日记》，它使现代一位非常优秀的历史学家受到了愚弄。但除非人们要研究的是著名的人物或事件，否则伪造品并不常见（因为没有这样做的动机）。

伪造品：经常出现伪造品的一个文献领域是中世纪的寺院记录。僧侣们会有规律地伪造大量特许状，以展示寺院的权利和财产。这并不总是意味着直截了当的不诚实：相当多的伪造品是为了造出"本该"存在的文献，因为此前已经被习俗所接受的权利，后来要求文献上的"证据"。

历史学家也被教导要考虑到资料中的"偏见"。不过，这里我们需要很认真地想一想。我在前文所描述的产生资料的"绅士俱乐部"的原因，部分就在于过分地关注"偏见"。寻找"偏见"（作者的偏见和他们歪曲叙述的方式），也许暗示着可以找到一种"无偏见的"立场。这是一个问题。如果"偏见"意味着每个人的特有风格——它必定是这样，那么就**不存在**"无偏见的"文献。有些资料很坦率地表达了它们的观点和偏见，人们当然要加以考虑，而另一些资料可能需要非常仔细地探讨其中的假设。比如说，上面的引文看起来很直截了当——但是请注意，它没有告诉我们伯德特太太的名字。这或许不仅是一个偶然事件；对抄写员和议会的假定还要进一步探讨：在他们看来，哪些细节足够重要，需要记录下来。但要注意一件事情：已经确认的这一"偏见"并不需要"抛弃"；相反，它是我们可以**利用**的东西，可以告诉我们17世纪关于妇女及其地位的看法。没有"偏见"（它总是可能出现），就不需要历史学家了。所以"偏见"不是需要发现并加以根除的东西，而是有待搜寻并加以利用的东西。

不过，我们还得考虑文献所能支持的和不能支持的是什么。《议会记事簿》是为了某种目的，而不是为了我们的爱好和乐趣写下来的：它的存在是为了记录这个城市所做的重要决定。我们需要考虑的不仅是它所说出的，还有它所**没有**说出的。例如，虽然我们知道议会决定给予伯德特太太一份年金，但我们不知道这一决定是轻易做出的，还是经过了数小时的争论。

我们也不知道伯德特太太是否在场（她被提及曾向议会“申请”，但这也许是指她在开会之前向他们提出了请求）。除了她丈夫不在身边和她的贫困之外，我们不知道他们**为什么**要给她一份年金。历史学家需要知道资料的细微差别、说出的与未说出的之间的隔阂，以及它们的韵律和中间的省略。

有时候据说“资料自己会说话”。这不是真的。摘自《议会记事簿》的那段引文，迄今还几乎没有说出什么。但它或许发出了一阵温和而唠叨的嘟哝声：谁是伯德特？他为什么要去新英格兰？伯德特太太和她的孩子后来怎么样了？要回答这些问题，我们显然需要找到关于伯德特一家的其他参考材料。于是我们决定了我们探寻的特定道路——从起点开始，将资料所提供的和未提供的以及我们所关注的，一一联结起来。

《议会记事簿》中至少还有五处提到了伯德特，通过浏览每一页的页边评论可以找到它们的位置。这为我们的画面增添了些许内容。1633 年，一位传教士“乔治·伯德特先生”因为“没有在耶稣的名字前鞠躬”，被一个叫马修·布鲁克斯的人报告给议会。这里有一个小背景需要说明。当时英国在教会统治及改革的性质问题上存在着紧张气氛。布鲁克斯信奉一种温和的新教，支持宗教仪式、循规蹈矩和国王对教会的控制。伯德特则显得更加激进，他反对国王控制和宗教仪式，所以在教堂里没有向十字架行奉承之礼（“在耶稣的名字前鞠躬”）。由于布鲁克斯的指责，伯德特被短期取消了传教士资格，但（第二次记载告诉我们）随后这一资格又被诺里奇主教恢复。然而，1635 年伯德特再次因为他的布道（似乎在宗教上和政治上都有敌意）而被取消资格，《议会记事簿》提到了找一位新传教士的必要性。结尾另两处告诉我们，布鲁克斯先生想出价接管伯德特居住的房屋，但该财产后来以每年十二镑的价格租给了一位克雷恩先生。《议会记事簿》中最后一次提到的就是伯德特太太的年金。

这样，把更多的材料放到一起，我们可以开始构造一幅关于伯德特一家及其发生之事的图画。为了让这幅画有意义，人们需要一些背景信息（英国的宗教紧张、雅茅斯的地方政治），这里我们借助的是其他历史学家的著作。这一规律没有例外：历史学家依赖彼此的著作，与依赖自己对历史资料的调查一样多。如果我们在关于伯德特的证据中发现些什么，对已经讲述的现代早期英国的真实故事形成了挑战，那当然很好，但是忽略那些已经提供给我们作为向导的东西，则是愚蠢的。

随着伯德特到美洲去——这是我们故事的下一个部分，我们需要依赖跟新英格兰有关的文献。当然，有大量各不相同的资料从美洲殖民地时期保留至今。遍索这些资料以追寻伯德特的踪迹会花费很长的时间，那么一个历史学家该怎么做呢？好了，有时历史学家恰好就是这样做的：辛苦而单调地搜索每一种能够找到的文献，寻找对他（她）关注之事的记载。在这里，单调是一个关键词。相当一部分历史学的工作是单调的，历史学家的本领之一就是面对这种单调继续工作，期待着那不寻常的发现的时刻。战争有时被描述为漫长的无聊时期，但会被激动人心的短暂时刻所打断。历史学常常与之相似，虽然的确更加安全。

但历史学家的乐趣在于某些事情**被**发现或揭示的时刻。当然，通常历史学家会同时寻找不止一件事情（为了寻找伯德特而阅读所有的殖民地文献是没有什么意义的，如果随后有人想要寻找另一个人，就不得不把它们再读一遍）。有时候，他们所寻找的东西远比一个人的姓名更难形容：它也许是一个特殊的

图 16 约翰·温思罗普,马萨诸塞总督

短语或谈话方式，一种只有后来的统计学分析才能揭示的证据的显著风格，或者一个无法准确测定但在长时段中清晰可见的变化过程。

那么，我们怎样在新世界找到伯德特呢？我们可以看看现在能找到的各种家谱查询工具。我们可以查阅一本美国传记词典，因为伯德特有可能留下永久性的记录。我们可以求助于关于美洲殖民地的现代著作的索引，期待其他历史学家已经沿着我们的道路走了一段（虽然仅仅指望它带有些懒惰的心思，因为第一次走这条路是乐趣的一部分）。或者我们可以着眼于某些关于新英格兰的最显著、最丰富的证据资料，看看伯德特是否会在不经意间突然出现……

他的确出现了。如果去看看 17 世纪的《约翰·温思罗普[①]笔记》，我们会发现许多关于伯德特的记载。约翰·温思罗普是 17 世纪三四十年代的马萨诸塞总督，他既是一位关键性的历史行动者，又是一位历史记录者。他最初来自萨福克郡[②]，1630 年 3 月来到美洲，乘坐的是“阿尔贝拉号”。他的《笔记》只是关于新英格兰的大量证据中的一部分，这些证据合在一起以“温思罗普文件”之名而为人所知（并且出版）。近年来《笔记》被编辑出版，包括一份多卷的索引，这对我们的研究极有帮助。大多数历史学家不仅利用原始档案文献，也会利用已出版的资料。虽然通常说来最好是看原始文献，但这种愿望常常超越了时间、耐心和研究经费所允许的限度。无论如何，阅读已刊印的版本有

① 温思罗普（1588—1649），英国殖民地的行政长官，1629年至1649年任马萨诸塞湾殖民地总督，也是该殖民地的第一位总督。

② 英国东部的一个历史地区，意为“南方人”，与诺福克（“北方人”）相对。

其特殊的优势，因为这通常意味着别人替你做了大部分艰苦而枯燥的工作，让你能从索引中摘取柔嫩的果实。

它们就是这样的果实！根据温思罗普的记载，伯德特于1638年11月出现了，他待在一个叫匹斯卡塔夸的地方。他被温思罗普记录下来是因为他再次陷入了麻烦——他为被总督逐出马萨诸塞的人们提供庇护。美洲殖民地是一个充斥着政治斗争的地方，那些仍然坚定地效忠于祖国的人与那些争取更大的宗教和政治自治的人之间存在着分裂之势。作为马萨诸塞的统治者，温思罗普站在后一阵营；伯德特看来却属于前者。

1638年12月，温思罗普做了如下记载：

> 总督写给希尔顿先生的关于伯德特先生和昂德希尔上尉的信，被他们截获并拆开；于是他们立刻写信到英国揭发我们，尽其所知地检举了我们联合反抗一切权威的事情，声称应该走出英国来对付我们，等等；他们深为总督的信件所感动，却不能加以利用，因为他在写信时声称是希尔顿先生把信给他们看的。

让我们在这里暂停片刻，想一想证据中的奇特之处。首先，我们需要确定其他这些人是哪些人。稍稍挖掘一下索引，发现希尔顿是另一位马萨诸塞的政治家，昂德希尔将要领导一次反对荷兰殖民地的叛乱。请注意，温思罗普在他自己的笔记里以第三人称指代自己，这也许说明他在写一份可能会被其他人阅读的半官方记录。我们在此无法窥测他的内心想法，只知道他**选择**记录什么。我们还得问自己，温思罗普是怎么知道他的信被截获，知道伯德特写给英国的信的——这里找不到答案。最后，这里有温思罗普对他本人的书信的描述：它用这样一种方式来写，以至于发现这封信的人不会对他造成伤害。据我们所知，这封信并不存在，但是想象一下如果它确实存在的话，历史学家将（没有《笔记》的记载）不得不破译一封大概是言在此而意在彼的信件。资料并非透明的、单纯的文献。它们是在特定的环境中为特定的读者所写的；就温思罗普的书信而言，一方面是为特定的读者希尔顿先生，另一方面，表面上则是为疑有的读者伯德特和昂德希尔而写的。

温思罗普笔记里的另一些内容揭示了伯德特与他本人关系的持续破裂，包括 1639 年 5 月发现的伯德特写给坎特伯雷[①]大主教威廉·劳德的信，信中对殖民地的自治企图进行了谴责。这封信的复制品在其他文献（伦敦公共档案馆里的国家文件）中被保存下来，这样我们可以将其联系起来为证据提供支持，从而更加确信温思罗普的记载。到 1640 年 3 月，伯德特显然已经成了匹斯卡塔夸的“统治者和传教士”（这个事实是在伯德特假装刚从英国来此地传教时被记载下来的）。最后，1640 年夏天，温思罗普告诉我们从英国来了一个叫托马斯·戈吉的律师，他去了伯德特所在的地区。温思罗普写道，戈吉在那里

> 发现一切都混乱不堪，因为伯德特先生统治着一切，他放任自由地统治以逞其贪欲，因傲慢和通奸而变得臭名昭著；现在邻居们发现戈吉先生很乐于改革现状，当他[伯德特]被抓起来并必须出庭时，他们对他进行指责，给他制造了这些丑闻。

① 英格兰东南部的一座城市，是英国圣公会大主教的住地。

伯德特被罚款三十镑，于是：

> 他[伯德特]向英国求助，但戈吉先生不愿理会他的请求，反倒夺走了他的牛群，等等。就在此时，伯德特先生去了英国，可到那儿之后却发现这个国家发生了巨变，他的希望落空了，后来他因为支持保皇党而被投进监狱。

再次稍作停顿。给我们提供这段叙述的温思罗普的记载，声称它是逐月记录他对马萨诸塞的统治。可最后一段话里的细节似乎表明他是在事后写下来的——它告诉了我们伯德特返回英国**之后**所发生的事情。这些事肯定是在庭审案件过后一段时间才发生的，而且相关消息（越洋）传回马萨诸塞肯定还要再花费许多个星期。此外，"后来他因为支持保皇党"听起来很像是英国内战中发生的冲突：克伦威尔①的圆颅党②与国王的保皇党相对抗。可是这场战争直到 1642 年才开始。1640 年怎么能知道伯德特的未来呢？除非这段记载是后来所写的。和每一份历史证据一样，温思罗普的《笔记》在使用时需要谨慎、留意。文献很少打算欺骗历史学家，但它们时刻都会愚弄那些粗心的人。

无论如何，现在我们有了另一个关于过去的真实故事，它是从文献资料中拼凑而来的：乔治·伯德特——一位清教传教士和可能的浪荡子，怎样在雅茅斯失去地位，抛妻别子前往新世界，在那里出人头地，孰料又再次跌落，回到英国在内战中支

① 克伦威尔（1599—1658），英国政治家、军事家，在英国内战中率军击败保皇党军队，1649年处死查理一世，1653年自任"护国公"。

② 英国内战期间的议会派成员，因将头发剃短、头颅显得较圆而得名。

持国王,最后被投入监狱。这个故事是在何地、何时结束的呢?它结束于我们的资料或动力耗尽之时,但在某种意义上总是结束于后者，因为乔治·伯德特的故事还可以和昂德希尔上尉的故事、托马斯·戈吉的故事、英国宗教改革的故事、殖民地自由的故事或者英国内战的故事联系起来。从目前的情况来看,它是一个相当令人满意的故事。但我们不要忘记,它仍然存在漏洞。回到雅茅斯,我们不知道伯德特太太怎么样了(虽然我们可能希望她和她的孩子没有乔治也能过上长久而快乐的生活,因为我们能在 17 世纪末雅茅斯的公民名单中找到姓“伯德特”的人)。我们不知道温思罗普究竟是怎样获得大部分信息的,或者他是否说出了他所知道的所有事情。最糟糕的是,我们并不完全了解乔治·伯德特,他似乎具有让人着迷的矛盾性:一个抛弃自己家庭的宗教徒;一个教会改革者,因为拒不服从国教惯例而被逐出雅茅斯,来到新世界后却站在国王一边,并在英国内战中回国为国王而战;一个热烈的传教士,却因“傲慢和通奸”而遭到邻居的谴责。我们拥有他所写的两份材料:一份是上面提到的写往英国的信，这封信里对马萨诸塞的政策进行了抨击；另一份是此前写给劳德大主教的信（也保存在国家文件中)。这封较早的信所署的日期是 1635 年 12 月 27 日,这封信寄自新英格兰的塞勒姆。在这封信里,伯德特似乎解释了他第一次前往新英格兰的**原因**:

> 我的自愿流放受到了谴责,人们指责我轻浮、虚伪或给我加上更坏的罪名。但事实是:我的行为很正常,也很好地服从于教会……我想要揭露和矫正阁下对我和我的行为方式所做的判决……[他离开的原因是]:激烈而恶毒

的起诉，难以承受的费用；最后，在远方得到平静：我在自己的国家仍能享有的东西，它会给我带来极大的欣喜。

这封信通篇的语气很清楚：伯德特想向大主教洗清自己的罪名，大概是为了在某个时刻能够回来。细节这么少，不仅是因为伯德特华丽而浮夸的文风。信中提到"恶毒起诉"的"难以承受的费用"，似乎表明有一个庭审案例：的确，通过查找国家文件一览表（一种非常详细的检索工具）我们发现，1634 年和 1635 年，伯德特因为宗教违法而在高级委员会的法庭上被起诉。这样我们就进一步了解了伯德特离开的原因，但还不能回答所有的问题。我们仍然没有真正明白，他为什么选择离开自己的家庭，而不是在国内为自己辩护。在一个特定的时刻，资料陷入了沉默，历史学家必须开始做些猜测——也就是说，对文件进行**解释**。

我们没有关于乔治·伯德特对其妻子和孩子的感情的叙述，但我们被告知他的离去使他们"生活贫困"，他在新英格兰受到了"通奸"的指控。那么，我们是否可以猜测伯德特的婚姻状况很不好呢？这也许是一种合理的猜测——它与证据相符合——但它仍然只能是一种**猜测**。那么伯德特返回家乡之后的活动又是怎样的呢？如果说伯德特选择为国王而战表明了他心灵上的变化，我们就会指向伯德特在殖民地的经历：一个勇敢的新世界，努力将自己从古老国家的控制下解放出来。或许是伯德特幻想的部分实现，让他对真实的现实感到惊恐？抑或是我们的传教士一到新家就开始寻找回国的机会，所以把改变效忠对象、反对殖民者而支持君主作为一种策略？二者都是合理的猜测，人们都可以稍加采纳。我们无法确切地知道，但我们可以沿着叙述的轨迹推进,我们已经建起了这些小桥梁。不过我们应该清楚这些桥梁是我们自己建造的。我们当然可以引用证据来支持它们,但不是以否认其在建筑中所扮演的角色为代价。历史学家不得不建起这些小桥梁,但他(她)不能够也不应该忘记是谁为了什么把它们放在那里,或者忽略每座桥梁都需要付出一些费用:沿着一条令人满意的道路继续前进的代价,就是也许会阻塞其他可能的道路或使之无法通行。

因为我们还可以做出其他的猜测。也许伯德特深深地爱着他的妻子,离开孩子他感到非常痛苦,希望带着他们一起走,只是因为他们不愿意或者迁居的费用不菲而未能如愿。温思罗普关于伯德特纵欲的报告也许只不过是对政敌的诽谤,正如伯德特在给劳德的信中所说,雅茅斯那些反对他的言论都是谎言。英国内战史学家告诉我们,议会和王室双方并不是以宗教为基础平等区分的,所以也许伯德特并不认为他所选择的效忠对象有什么可奇怪的。人们可以沿着这一脉络走下去,但最终必须足够坚决地做出一个选择、跟随一条道路、进行一种猜测,以便继续前进。然而,每一种猜测都应该同样被记住。不停地做出太多的假设,也许会让我们迷失。

资料不会"自己说话",它也从来没有这样做过。它们代表别人说话,那些已经死去、永远消逝的人。资料也许具有复调的声音——可以指示方向,提出问题,引向更多的资料。但是它们缺乏意志:当历史学家使之复活时,它们是有生命的。资料是一个起点,但历史学家在此之前和之后都要在场,并使用技巧,做出选择。为什么是**这份**文献而不是另一份?为什么是**这些**契据而不是那些?而且,为什么要看契据而不是审判记录?为什么要研究政府报告而不是日记?要探讨哪些问题?采用哪些途径?

但这并不是在暗示，真实故事的方向完全是由历史学家的心血来潮所决定的。文献指示特定的方向以供追随，就像我们搜寻伯德特时所表明的那样。资料还会让人惊讶，在揭示以前未被考虑的新途径上设置障碍。阅读温思罗普的笔记，匆匆一瞥即将我们引向下面那些被探讨的问题。所以紧接着温思罗普对伯德特的第二次记载，我们读道：

> 魔鬼永远不会停止骚扰我们的和平，使出一种又一种的伎俩。其中有一位塞勒姆的妇女……她因为拒绝在耶稣的名字前鞠躬而在英国遭受苦难……

拒绝在耶稣的名字前鞠躬——像伯德特一样——吸引了人们的目光，但它也将魔鬼、妇女和塞勒姆联系起来（17 世纪后期，塞勒姆因为巫术案而臭名昭著，许多妇女在那里被处死）。这个小疑难被理解之后，人们又在浏览对伯德特的下一次记载时发现了另一个例子：一名妇女在波士顿被绞死，她“被撒旦附体，他劝她（被她视为是上帝的启示而实际是魔鬼的诱惑）扭断自己孩子的脖子，她根本没有想到未来的不幸”。令人恐怖但也让人着迷……所以人们开始寻找其他的例子。一个新的故事就这样开始了，从起点被引向资料发出的声音与历史学家的兴趣之间的某个地方。

历史学家不是简单地“从档案中报道”。要是他（她）这样做，很可能只是在重复半真半假或者混乱——如果并非彻头彻尾的谎言的话。因为资料并不单纯，它们的声音与特定的目标一致，事实上也与特定的结果一致。它们不是过去现实的镜子，而是它们自身的事件。我们会猜测，约翰·温思罗普不喜欢乔治·伯德特,他(通过另一个声音)告诉我们伯德特是一个通奸者。这是否完全属实呢?不管它是不是真的,温思罗普为何决定把它写下来、记下备案呢?将某件事情诉诸文字——尤其是在本世纪之前的任何时候——应该被视为一个非同寻常的事件,因而需要做出解释。温思罗普的敌意(或许是一种政治上的而不是个人的敌意)会使他提供的证据失效吗?如果是这样,我们会抛开乔治·伯德特的真实故事,把他托付给沉默的过去吗?历史学家做出了选择,继续讲述这个故事。

总是会有新的问题可问。为什么呢?因为新的观察方式,因为此前或此后所见的其他事情,因为不同的探索途径。但首先是因为存在着缺漏、空白、省略和沉默。资料不会说话,不会讲出一切。如最近一位法国历史学家所指出的,这既是历史的不可能性所在,也是其可能性所在:以完全真实为目标的历史永远无法实现(只能是一个真实的**故事**),因为无数的事情仍然无法得知;但正是这一问题容许——或者不如说要求——过去成为一个**研究**领域而不是一个不证自明的真实。如果在揭示过去发生之事的过程中不存在问题,那就不需要历史学家(无论是职业的还是业余的),因而也不需要历史了——只需要没有争议或问题的"发生之事"。历史以资料为起点,但也以资料内部和资料之间的分歧为起点。当诺里奇档案馆被烧毁时,这可能是一个悲剧。事实上,那里保存的大多数更古老的文献幸存下来了,虽然大火确实毁掉了无法替代的报纸和照片。我在本章开头提到,当事情面临威胁时往往会看得更加清楚。那么,也许现在揭示了另一件事情:档案必须被烧毁(当然是在象征意义上),历史才能得以发生。我们必须拥有资料——我们也必须拥有沉默。

第五章

千里之行

有句谚语说，“千里之行，始于足下”。重建关于乔治·伯德特的某些历史，让我们走出了第一步。现在我们要去向何方呢？

历史学家走过的旅程，以及他们就其兴趣所在而讲述的故事，在长度上各不相同。如我们所知和所做的那样来讲述关于伯德特生平的故事，是完全可能的。但每个人的一生都会与其他人相交叉，而这些历史又与更宏大的变迁相交叉。我们被漫长旅程中的开放空间和在伟大旅程中寻找意义、探求论据的可能性所吸引。伯德特至少是两个更宏大的故事中的一部分，这两个故事即英国内战和美洲殖民。我们也许想知道英国是怎样陷入内战的，或者试图理解在一个勇敢的新世界开拓殖民地——对于被卷入的人们和后来的党派——有什么影响。我们也许还会思考伯德特是怎样适应这些故事——甚或改变它们的。要这样做，我们就得找到一种讲述更宏大故事的方式。

研究历史需要几种类型的猜测。我们已经看到了试图在现存证据中“填补空白”的过程。本章将要探讨的是一个更深层的过程：怎样将大量的材料综合起来，以及用宏大故事所呈现的轮廓去构造什么。在做这件事的时候，历史学家不仅知道随着时间流逝而发生的变化，而且也知道其中的连续性，他们力图解释这些事情。不过，他们还知道曾经走过这条道路的人们，知道其他历史学家的叙述和主张。对这些都必须给出态度：同意、推翻或忽略。创造一个故事的过程不仅仅是把一块砖放到另一块砖上面，直到一座建筑物出现；它需要确定所描述的事件的原因和结果，处理其他历史学家已经说过的内容，并指出这个故事**意味着**什么。

让我们从英国内战开始吧。历史学家根据现存证据对这场战争做出了描述，就像人们从《议会记事簿》中重建关于伯德特的记载一样。但它当然意味着多得多的工作——和某些更艰难的选择。人们所关注的证据的类型，无疑会影响被讲述的故事。比如说，如果有人主要关注叙述性的记载、王室的文献和议会的文件，呈现出来的故事就显然是政治性的：17 世纪的第二个二十五年里，国王查理一世怎样被卷入一张政治、经济和宗教矛盾之网，进而导致战争于 1642 年在国王和议会之间爆发。查理一世于 1649 年被处决，英国暂时由议会统治，直到奥利弗·克伦威尔担任“护国公”之职（对共和国领袖来说，这是一个奇怪的君主式的职位）。1660 年，查理二世夺回英国王位。这是一个主要由事件组成的故事：处决国王，双方之间的战斗，共和国内部的政治斗争，新君主的胜利。政治史学家必须在某种程度上解释是什么引起了这些事件，他们所提供的答案因其兴趣而有所不同。但尽管如此，大多数人都同意，查理一世的确是一个不称职的君主，他无法将议员们团结在一起；不同的“统治”观念之间存在张力，特别是在君主（对政府拥有最高的控制权）与调停机构（议会在其中拥有更大的发言权）之间；国外事件（尤其是信仰天主教的爱尔兰，但也包括欧洲大陆）影响着在英国发生的事件。

在这个"政治"故事中，变化的原因是什么，它又**意味着**什么？将所有的政治史学家都归入一个阵营是不公平和不准确的。但是这样说也许是合乎情理的，即在"政治"故事当中，变化是通过人的能干或无能来实现的（一个无能的查理一世，一个起初有能力的克伦威尔），它受到意识形态力量的影响（君主制对共和制），并受制于某种偶然性（当战争意外失利的时候）。它还很好地构成一个"宏大叙事"（即延续几个世纪的非常宏大的故事），譬如议会民主之发展中的一部分。这样一种宏大叙事所宣称的"意义"——如第三章结束时所提到的——就是英国政治文化的"优越性"。这种意义也许是明确宣示的，也许潜藏在讲述故事的结构和评论中。对某些政治史学家来说，事件的原因和意义并不需要明确说出来：仅仅叙述事件的过程就足够了。他们感到，叙述本身足以使"发生之事"清楚地呈现出来。

在其最原始的状态下，政治史仍然坚持着 19 世纪晚期的模式：叙述"伟大的事件"，评判"伟人"（或者其反面，"真正可怕的人"）。否认某些男人和女人（虽然很奇怪，后者被提及的次数没有前者那么多）可以被称作"伟大"，这似乎很无礼，但使用这个称号的依据是什么、它是否说明了被讨论者的情况抑或更多地代表了贴标签的历史学家的偏好，却不是那么清楚。比如说，在什么时候"伟大"逐渐削弱，而单纯的"能力"开始发挥作用？在历史上"有能力的人"就没有扮演任何角色吗？我们正在谈论的"伟大的男人（和女人）"是由谁选择的？我最中意的几位是：安娜·康尼娜[①]，一位 12 世纪的拜占庭公主，她撰写了最优

① 康尼娜（1083—1148），拜占庭皇帝亚历克西乌斯的女儿，最早的女性历史学家之一。著有《亚历克西乌斯传》，详细记述了其父在位时期的历史。

美的历史著作之一《亚历克西乌斯传》;梅诺乔[①],一位17世纪的磨坊主,以其关于上帝和造物的极其个人化的观点挑战了宗教法庭;以及埃玛·戈德曼[②],本世纪初一位积极的无政府主义者,曾经被描述为"美国最危险的女人",她对俄国革命的评论是"没有舞蹈,就让我出局"。我有充分的证据表明他们的"伟大",但我确信你们也有同样正当的理由做出自己的选择。"伟人"的数目之多令人惊讶——或许选择伟大的游戏更类似于挑选各个时代的十佳唱片。

更重要的是,历史原因的"伟人"论——事实上,还有些理论关注的是那些不那么伟大的人所做的决定——取决于这样一种信念,即导致事件发生的是掌握权力的个人所做的或好或坏的决定。否认政治领袖在行使权力,否认他们的决定会对他人的生活产生影响,是很愚蠢的;但是忘记其余的普通人民所做的反应和决定,是否同样愚蠢呢?战役的胜利也许是经验丰富的指挥官的胜利,但它也是那些勇于战斗和不惧死亡的人的胜利,鼓舞人们去战斗的观念的胜利,支持那些部队的经济制度的胜利,为他们提供武器的生产基地的胜利。无论如何,单独一次战役就改变了事件进程,这种情况多久会出现一次呢?英国内战包括多次战役和各种冲突,所以也许该问的问题是:人们将战争继续下去的愿望有多强烈?

过去发生的事情无疑要受到人们所做决定的影响——甚

① 金斯伯格(Carlo Ginzberg)的史学著作《奶酪与蛆虫》中的主人公,他把宇宙看成是一块被蛆虫咬得遍体是洞的奶酪。

② 戈德曼(1869—1940),俄裔美国无政府主义者,曾因鼓吹节育和反对征兵制而多次入狱。著有《我在俄国的幻灭》和《我的一生》。

至支配。但是人们想要做什么与这些想法所产生的实际后果，常常不是一回事。这里时间尺度是一个因素：1517 年，当马丁·路德[①]把他的九十五条论点钉在维滕贝格教堂的大门上的时候，他当然是想抗议天主教会内部的某些行为（在他之前，许多人其实已经采用过同样的公开方式）。但要说路德打算改变欧洲的宗教形态，或者在清教与天主教之间掀起无数的宗教战争，这就不一定了。不能让路德独自为后来发生的事情负责：因为他的九十五条论点有一群**支持者**，他们的选择（以及那些选择的无法预见的后果）也会对事件产生影响。而且，那些选择和后果是在社会结构、经济变迁和文化观念的背景下上演的。

想想社会，我们就会被带回英国内战。社会史学家与政治史学家关注的证据往往不同，尤其是地方性的政府记录，在其中更有可能找到与普通百姓有关的信息。这种信息有些可以用作经济分析——比如去考察纳税申报单、买卖清单和收支记录。20 世纪，经济变迁的图景引起了历史学家越来越多的兴趣，这主要是由于卡尔·马克思的影响。马克思主义关于内战的经典叙述，讲述了一个崛起的“中等阶层”（自由民、商人、地位比贵族低的有钱人）反抗旧精英（贵族、地主、国王）的阶级冲突。在这个宏大故事中，战争变成了“向资本主义过渡”的整体（另一个“宏大叙事”）中的一部分：从“封建”社会向资本主义转变的重要而长期的过程——前者依靠传统和等级制来运行，后者则是用工资取代了义务，追逐个人利益胜过了传统的保守主义。

当然，马克思主要是作为一位政治思想家而被人们记住的。但他和他的伙伴弗里德里希·恩格斯也对历史解释感兴趣，

① 路德（1483—1546），欧洲宗教改革的倡导者，新教路德派的创始人，著述包括《圣经》德译本、《教理问答》等。

他们试图说明社会在长时期内如何以及为何发生变化。他对历史编纂的影响可能比那个世纪的任何其他人的都要大。虽然历史学家用了很长时间才掌握马克思的社会、经济和文化思想，但之后他对社会史学家来说变得异常重要。在英国，从20世纪30年代以来，马克思主义历史学家开始精力充沛地写作。诸如埃里克·霍布斯鲍姆[①]、多萝西·汤普森[②]和杰出的E. P. 汤普森[③]等男女学者将这种影响传给了美国的历史编纂工作。在法国和意大利，马克思在社会科学领域产生了深远的影响，而此时德国却与其最有名的后裔之一保持着某种分裂关系。在俄国，马克思对历史编纂的影响(或者说，其实是影响的某种形式)超过了任何其他观点。

事实上，今天所有的历史学家都是马克思主义者(marxists，m是小写的)。这并不意味着他们都是"左翼"(远非如此)，或者他们必须承认或记住这种恩惠。但是，马克思思想中的一个关键要素已在历史学家的观念中如此根深蒂固，以至于它事实上已经被视为理所当然了：这一洞见就是，社会和经济环境影响着人们对他们自己、他们的生活及其周围世界进行思考进而采取行动的方式。这并不是在暗示他们完全受到这些环境的**控制**。马克思本人写道：

① 霍布斯鲍姆(1917—)，当代英国历史学家，著有《极端的年代》、《盗匪》、《民族与民族主义》等。

② 汤普森(1923—)，当代英国历史学家，著有《早期宪章主义者》等。

③ 汤普森(1924—1993)，当代英国历史学家，代表作为《英国工人阶级的形成》。

人类创造自己的历史,但不是随心所欲地创造。他们不是在自己选择的情境之下,而是直接在碰巧遇见、给定,以及从过去流传下来的情境之下创造历史。

对英国内战或任何其他主题的一切解释几乎都理所当然地认为,有必要对事件发生时的社会状况,以及参与者的经济地位和兴趣加以考察。不是每个历史学家都会继续谈论“阶级”或者从封建主义向资本主义的过渡,但他们会,比如说,对特定群体的“崛起”(通常是指经济和政治影响的扩大)产生兴趣,无论是“绅士”,是“中等阶层”,还是“中产阶级”。社会史学家对内战做出了各种各样的解释,不一定将其解读为“向资本主义的过渡”,但却注意到 17 世纪的经济变迁(尤其是人口增长、通货膨胀和主导产品从地方市场向全国市场的转变)导致了更显著的社会分层,使一些人变得贫穷,另一些人变得富有。这些变化造成了一种社会不稳定感,这无疑对政治局势产生了影响。

虽然社会史通常关注经济因素——比如,想一想物质条件如何影响着社会变迁,但其兴趣范围要更加宽广。除了研究货物和收入的流动之外,社会史学家还利用进一步的证据——特别是法律记录——去分析普通百姓的思想、情感和行为。有时这会将历史学家引向不同的方向,提出其他的问题。人类学和社会学的影响,使社会史学家能够研究在人们日常生活中所察觉到的行为模式:他们的家庭结构、日常生活中的行为举止、对于周围社会空间的安排并赋予其意义的方式。对这些领域的考察可以将历史学家引向不同的旅程和不同的问题:婚姻模式为何发生变化?性别感受如何影响社会行为?许多关于 17 世纪英国社会的著作根本没有提到内战——对它们来说,它是另一个故事的一部分，并未对它们所关注的变迁产生特别的影响。从这些分析中锻造出了一种不同的“宏大叙事”，它声称要识别出延续几个世纪的相对稳定的社会结构。这类故事暗示着，15 世纪农民的生活与 18 世纪农民的生活之间并不存在真正的巨大差别，尽管政治机构和统治方式发生了显著的变化。

近年来，历史学家对文化的兴趣也越来越强烈了。这同样来自人类学观念的影响。19 世纪末期，人类学和社会学像历史学一样“职业化”了。这导致在这些研究人类生活和行为的不同方法之间出现了对立，每一种都试图为“它们的”领域树立明确的界限。不过在最近一段时间，这些学科再次被更紧密地联结起来了：不同的人类学家对分析历史时期产生了兴趣，许多历史学家则研究更加理论化的人类学洞见。在这一背景中所理解的“文化”，不仅仅是指音乐、戏剧、文学之类，它还被用来指称思想的和理解的模式、语言形式、生活仪式以及思维方式。文化史学家接受了马克思的观点——经济环境影响人们的思维和行为方式，而且改变了它的侧重点：认为是人们的思维**方式**影响着他们与社会和经济的关系。可以通过研究特定时期的艺术和文学来了解人们的思维方式。但也可以通过分析在文献资料中发现的语言和行为来对人们的思维方式加以探讨。

历史学家戴维·昂德道恩[①]就对内战做了这样的分析，他考察了英国社会各个部分看待自我的不同方式（其中有些因地理位置而有所不同），以及他们对周围世界的想法和恐惧。宗教在这里扮演了重要的角色：尤其是得到国教支持的传统新教与某些“中等阶层”所鼓吹的更激进的“清教主义”（在昂德道恩看来）

① 当代英国历史学家，著有《狂欢、暴动与叛乱：1603—1660年英国大众政治与文化》等。

之间的差别。前者主要来自绅士阶层，强调服从和仪式，信奉一种和谐的、等级制的、本质上是**静态**的、由“习俗”来调节的社会秩序。后者与正在崛起的“中等阶层”相联系，拒绝“教皇至上的”仪式，讨厌国家对教会的控制，认为社会陷于破碎和分裂之中，需要虔诚的信徒(也就是他们自己)来**改革**。上一章里，我们在布鲁克斯和伯德特之间见到过这种张力。

但是，宗教差异也可以被视为更广阔的文化的一部分。非宗教活动，比如足球，成了这种斗争的一部分：对传统主义者来说，足球(常常意味着两个教区之间极为暴力的比赛)是一种强化邻里和地方社区之间的情感的手段；对激进主义者来说，足球是混乱暴力的证明，需要“变革”为不那么暴力的类型。社会是稳定的还是危险的，是和谐的还是破碎的，这个问题影响了不同的思想领域。昂德道恩发现，在地区内部和地区之间存在着关于“权利”、“责任”和“习俗”的冲突，人们对于世界如何运行的看法**不同**，他们为这些看法而斗争。社会——进而王国——和谐的景象，有时会与家庭相比，在家庭里丈夫牢牢地占据着领导地位。有趣的是，17 世纪的英国人对家庭也非常忧虑：担心“恰当的”性别关系被忽视，因为他们害怕女人是“泼妇”和(有时候是)“巫婆”，会将男人置于她们的控制之下。总体而言，有一种强烈的感觉，认为英国社会是不稳定的：“世界被颠倒过来了”。不能把“秩序”的观念划分为单独的隔间，贴上“政治的”、“宗教的”和“文化的”标签；它们是联在一起的。因此，(在昂德道恩的评判之下)内战在很大程度上是两种不同文化——两种关于世界如何运行的不同观念——之间的斗争。

戴维·昂德道恩关于英国内战的“真实故事”受到了其他历史学家的挑战(主要是针对他所提到的地区和阶级变化的准确

性）。但他的分析模式为我们提供了一个很好的范例，即如何将关于经济、政治、社会结构和文化的想法熔为一炉。这其实不应该令我们惊讶：无论学者被贴上“历史学家”、“经济学家”、“社会学家”还是“人类学家”的标签，他们都不过是在分析人们如何生存和互动。不同的方法也许会有不同的侧重点，关注的是每个学科认为最有趣或最重要的部分，但职业间的共同之处有时要比它们愿意承认的多得多。历史学也逐渐试图给其姊妹学科以回馈，而不是简单地借用它们的想法。历史学所能做出的一大贡献是推动人们去思考事物为何以及如何随时间而**变化**。昂德道恩的叙述在这一点上是引人注意的，因为它并不把社会视为静态的或稳定的，而宁愿强调它的破碎和分裂，试图抽取出那些在17世纪**竞争**得特别激烈的要素。

我们在下一章还会谈到对“人们的思维方式”的分析，现在，还是让我们回到一个更大的问题——历史学家如何创造更大的故事。我们经常发现自己在谈论“原因”，有时也会谈到“起源”。要了解复杂的过程，它们是有用的常识性表达，但它们也隐含着危险。寻找比如说英国内战的“起源”（如许多历史学家所做的那样），就是在暗中声称，在一个特定的时间点之前事件本不会发生。如果我们把随后的事件视为**一个**故事的话，这也许是正确的；但如果我们承认可以讲述的17世纪的英国故事存在多样性（宗教冲突、政治理想、社会和经济变化），那么“起源”的概念就变得更难以捉摸了。无论如何，在有一个“英国”之前可能有一个**英国**内战吗？在这种情况下，历史学家必须确定这个实体在什么时间点可以说是存在的（这是一个**非常**棘手的问题，至少要把人们带回到15世纪）。

“起源”之前还有其他的故事，事件之后还有更多的事件。

图 17 世界被颠倒了：与 17 世纪英国的政治动荡相伴而生的性别、社会和身体的倒置（1647）

简单地说，以欧洲人在美洲的殖民为例，我们可以指出导致这一过程的因素——同样是宗教冲突、经济力量、意识形态动机，但必须意识到在创造“一个”殖民故事的时候，我们是在综合成千上万的也许不符合我们整体框架的个人叙述（比如说伯德特）。综合总是意味着让某些事物保持缄默。在本书的第二和第三章，我们对两千多年的历史编纂进行了综合。人们必须意识到，如果有更多的篇幅，那么这个故事看起来将比我的简单叙述复杂得多。综合是有用的和不可避免的，但它仍然只是一个“真实的**故事**”而不是整个真实。近年来，历史学家（大概还包括整个社会）对综合而成的“宏大叙事”产生了怀疑，因为这些故事往往会忽视任何特殊情形的复杂性。我们确实不像过去那样相信被附加于这些宏大叙事之上的意义了。19 世纪末历史往往被视为一种“进步”的叙述，19 世纪这一观点几乎到达了顶峰。经过了两次世界大战和军备竞赛，面对不断加剧的贫富差距、人类束手无策的疾病、周围世界的化学污染等等，20 世纪末已经不那么相信“进步”了。这并不是说相反的观点——事物是每况愈下的——就是正确的，这将是另一个“宏大叙事”。但要注意的是，在处理我们所面对的问题时，我们对讲述伟大故事的人们产生了怀疑，我们希望更多地关注真实故事中的细节。

“结果”和起源同样复杂。美洲殖民化的部分结果是无数土著美洲人的死亡、奴隶制的发展和延续、英国经济长时期衰落的开始、关于政府和政治的新观念的确立、冷战、空间竞赛以及多民族的社会（我们正生活于其间）。谁能说前辈移民们想象到了这些后果呢？谁又敢在这些结果下面划一道线，说“这就是故事的终点”呢？因为没有任何事物会终结，故事引发其他的故事，穿越千里海洋的旅程导向穿越大陆的旅程，这些故事的意义和解释是多种多样的。“起源”只是我们选择的这个故事的起始之处，它决定（也被决定）我们想要讲述的是何种类型的故事。“后果”则是我们的终止之处，此时我们已疲惫不堪。

在试图确定是什么“导致”某事发生的时候，历史学家可以利用许多不同的理论，站在各种各样的立场。大多数人都会承认，除了最简单的层面之外，任何事情都有多重的原因。由于这些原因而发生的事情，反过来又成了后来发生的事情的原因。历史学家试图从这些复杂的事件系列中归纳出模式；有时是很简单的模式，比如关于“重要”人物的叙事，有时则是关于意识形态、经济和文化的非常复杂的模式。过去无疑有许多模式有待发现，但它们在多大程度上是已经存在的模式，在多大程度上是历史学家提炼出来的模式，还不清楚（本书最后一章将对此做进一步的讨论）。过去的人们对于生活如何运行，有自己的模式，有时是有意识的，有时不是。但这些模式——家庭、性别、政治秩序——又是区域性的、独特的。在从这些模式中提取意义时，历史学家势必要选择在**他们**看来是重要的东西。

我们考察历史学家对内战所采取的不同研究方法，似乎他们组成了整齐的队伍，人人都穿着本部落的仪式服装，无论是政治部落、经济部落还是社会部落。这当然是过于简化的图像：任何独个的历史学家都会对不同形式的解释感兴趣，会看到同时采用社会**和**文化解释或者同时考察政治和经济的某种便利之处。事实上我们会感到，在试图“解释”英国内战的时候，我们想要从几种更宏大的故事当中各选取一些内容。不过，历史学家的确为自己划分了队伍，虽然他们喜欢把这些区分归结为其他原因而不是他们个人的原因。在阅读历史学家对这个或任何其他历史主题的叙述时，有必要知道他们往往会采纳这些“部落”立场中的某一种。不存在，也永远不会存在，对战争的唯一一种解释。期待这样一种解释，也许会错失过去的意义——它是**复杂的**，所以需要我们的关心和注意。任何历史都是临时性的，面对极度的复杂性时试图说些什么。在这里，历史学家有一种沉重的责任：决不要试图声称他（她）的叙述是讲述故事的**唯一**方式。但是读者也有一种责任：不要因为它们并不完美而轻忽历史；而要把它们当作真实的故事去处理，它们只能是这样。

我在本章开头暗示，伯德特的故事可以是通往更漫长道路的一步。但是正如任何千里之行都始于足下，它的**终点**也是如此。伯德特提供了一个 17 世纪英国和美洲背景下的迷人的个案研究。他的信仰和环境促使他穿越重洋，又引领他回到家乡。作为一个传教士——偏偏还是一个激进的清教传教士，他无疑为现代早期世界中冲突和紧张的混合文化增添了新的内容。但不管他的信仰指向何方，他回国后是站在国王一边的。如果伯德特可以暂时代表这里未曾探讨的千百万其他人——以及缺乏详细证据的更多的人，那么我们可以形成一种想法。没有乔治·伯德特，就不会有内战。这并非因为他是一个“伟人”，而恰恰因为他**不是**。没有伯德特相反的决定，没有他以如此个人化的方式去演完的复杂故事，就不会有冲突存在。历史如马克思所说，是由人们在自己无法选择的环境中创造的。但他们在自己的生活中**影响着**那些环境。“环境”、“历史”和“人们”并非是全然不同的事物。他们一同发展，等待历史学家从众多模式中选取一种。**我**所喜爱的模式是无意图的后果：大多数——如果不是全部的话——发生之事都是人们试图实现特定目标的结果，可他们永不具备足以预见其后果的洞察力。人们出于与当下相关的原因，在与当下相关的环境中行事。但他们的所做所为激起了波浪，超出其自身并向外扩展，又与无数其他人所激起的波浪相互作用。在这些相互碰撞的波浪所构成的模式中，历史就在某处发生了。

第六章

杀猫；或，过去是异邦吗？

杀猫有一段**历史**。也就是说，它是一种随时间流逝而变化的活动，因此可以由历史学家来描述和分析，就像婚姻、宗教、饮食、航海、种族灭绝、捕鱼、异装癖、闻气味和性行为一样。极其简略的杀猫史大概是这样的：在古埃及，猫受到尊崇和敬重，所以当它们的男女主人死去时，猫会被关在坟墓里陪伴它们的主人，最后窒息而死。在欧洲中世纪前期（约400—1000），猫不那么受尊敬了，通常是自然死亡，比如说饿死。在中世纪后期（约1000—1450），猫走向了另一个极端，开始与魔鬼联系起来。亲吻猫的肛门被认为是纯洁派教徒和其他异教徒的共同习惯——或者，至少他们的迫害者是这样说的。有些纯洁派教徒还相信它与魔鬼的关联。有人声称在宗教法官若弗鲁瓦·达布利斯死后，黑猫出现在他的棺材上，这表明魔鬼已经驯服了他本人。所以在中世纪，杀猫是因为人们害怕它们，人们会向它们扔石头将其杀死。到17世纪，猫的公众形象进一步恶化：它被视为女巫的密友，因而和它的男女主人一道被处死。在18世纪的法国，有时会有大量的猫在模仿仪式中被学徒和其他人杀死，他们认为杀猫非常有趣。在我们自己的更开明的20世纪，当然不会再杀猫，除非是出于疏忽、喂得太多或者是为了猫的

图18 18世纪的杀猫(和虐待其他动物的)行为。(贺加斯,《残酷的四个阶段》)

利益。

上一章我们将历史学家描述为分属各不相同的部落：政治部落，社会部落，文化部落。但我们也注意到，虽然这些标签由历史学家赋予并由历史学家接受（例如在为学术工作做广告时），但它们并未划定牢不可破的界限。不过，有一种实质性区别将所有历史学家分成了两大群体：一些人相信过去的人们在本质上是和我们一样的，另一些人则相信他们在本质上不同于我们。你也许还记得前面的章节中出现过这种区分：大卫·休谟认为所有"人"在任何时代都是完全一样的，L. P. 哈特利则提出过去是一个异邦，人们在那里做着和我们不同的事情。考虑到猫类的死亡在我们所处的今天通常不会引起狂欢，那么关于18世纪学徒从杀猫中发现诙谐趣味的记载，就能为这两种结论提供一个很好的例证。

我们之所以知道历史学家罗伯特·达恩顿[①]所称的"猫的大屠杀"，是通过一个叫尼古拉斯·孔塔的印刷所学徒在18世纪30年代末所写的一部自传（有些像小说，但总体上被认为是真实的）。达恩顿主张，无论孔塔的叙述是否完全真实，它仍然向我们展示了一个孔塔期待他的同时代人能够阅读和**理解**的故事。文献可以向我们展现超出"实际发生之事"以外的"真相"：它们可以说明人们**如何**思考，说明他们在其文化中能利用的形象、语言和联想。

孔塔是这样描述的：两名学徒，杰罗米（孔塔所虚构的自己）和雷维耶，在一间印刷所里生活和工作，印刷所属于他们的老板雅克·文森特。老板的妻子非常喜欢猫，最宠爱的一只叫小

① 达恩顿（1939— ），当代美国历史学家，著有《屠猫记：法国文化史钩沉》、《启蒙运动的生意》等。

灰。好几个晚上,雷维耶——他是一个非凡的模仿者——爬到老板卧室的窗外像猫一样发出叫声，让他的雇主们无法入睡。老板娘最后下令让学徒们除掉这些可恶的(想象中的)猫,但警告他们不要伤害她的宠物小灰。学徒们开始杀猫,包括他们在附近所能找到的每一只猫——首当其冲的是小灰,它的尸体被藏了起来。他们公开屠杀其余的猫,将它们击晕,然后进行部分的模拟审判,宣判其死刑。他们甚至在处决之前为猫提供了忏悔牧师！老板娘再次出现,确信——但是没有证据——他们杀死了小灰。老板也来了,斥责他们只顾杀猫取乐,而没有继续工作。学徒们笑个不停。“印刷工人知道怎么去笑,”孔塔写道,“这是他们唯一的消遣。”

孔塔在他的叙述中表明，杀猫是攻击老板的一种方式,印刷所学徒的生活并不那么愉快。他将雇主富裕的生活方式和他自己的悲惨状态相对照。养猫当宠物(对它们照顾得比对学徒还好)是作为一种象征,来强调资产阶级老板的自我放纵和他们的生活与工人生活之间的距离。但这并不能真正解释大规模的屠杀或者笑声(它不仅出现在血腥行为之后,也出现在这一行为期间)。要做出解释,我们需要——如达恩顿所指出的——探讨猫在18世纪的各种象征意义。它们仍然与巫术和厄运联系在一起。它们还与上层社会相联系——不仅通过作为宠物而被娇纵,而且通过诸如《穿长统靴的猫》之类的民间故事,也许还因为它们好逸恶劳的天然风度。作为放纵和骚乱仪式的一部分,折磨猫在欧洲文化的若干分支中都很普遍。猫还与女人和性有关;*la chatte*[①]具有现代英语中 pussy 一词的双重意义。孔塔

---

① 法语,大致相当于英语中的pussy,既指猫咪(尤其是母猫),又指女性的阴户。

的屠猫对于18世纪的法国人来说是有**意义**的，我们却不会再对这种方式做出反应。孔塔告诉我们，学徒们在未来的许多场合还会模拟重演这场屠杀，讽刺性地描述老板和老板娘的反应，以逗乐他们的同伴。学徒们的笑声——因为它更是一个关于诙谐的故事，而不仅是关于猫的——可以被视为现代早期以嘲笑进行反抗的传统的一部分，它把骚动行为与诙谐联系起来。

这样，我们可以假定一种独特的"18世纪的思维方式"，它将猫与特权、杀猫与反抗联系在一起。我们还能（如达恩顿所指出的）看到一种"思维方式"——它以在模拟法庭上屠猫为乐——与18世纪法国后来发生的事件之间的关联。例如，在法国大革命期间，*sans-culottes*（字面意思是"无套裤汉"，在比喻意义上指代"穷人"）于1792年9月草草审判并随即残杀了一千多名"反革命"囚犯。这并不是说杀猫是杀人的一种预演，而是暗示人们的行为可能具有象征性模式。认为过去存在不同的"思维方式"，这样的看法有许多种标签："时代精神"（或*zeitgeist*），"文化意识"，特定时代的*mentalité*（或"心态"）。

最后一个术语变得最广为人知。心态一词是在20世纪前半期由法国历史学家吕西安·费弗尔[①]最早使用的，他和他的朋友马克·布洛赫[②]一道，开创了一种以"年鉴派"方法（根据他们创办的《年鉴》杂志而得名）而著称的新史学类型。年鉴派有几个目标。一个是将历史研究从政治事件（实现了对修昔底德之

① 费弗尔（1878—1956），法国历史学家，年鉴派创始人之一，著有《菲力普二世与孔德省：政治、宗教和社会史研究》、《地理历史学导论》、《莱茵河》、《为历史而战斗》等。

② 布洛赫（1886—1944），法国历史学家，年鉴派创始人之一，著有《欧洲社会历史的比较研究》、《封建社会》、《为历史而辩护》等。

塔的又一次逃离）转向经济、社会和文化问题。另一个是试图探讨更加宽广的历史领域——他们称之为 *longue durée*（长时段），寻找过去的深层趋势。与此相关的是一种愿望，想要将气候变化、地理位置、长期经济变迁等知识纳入自己对历史原因的理解之中。该计划在费尔南德·布罗代尔[①]的《地中海》一书中达到了顶点，这本宏伟著作试图跨越若干世纪探讨这个巨大的地理区域，它将考察的焦点从国王和政府转向了土地、人民和海洋。年鉴派彻底改变了欧洲大陆历史编纂的面貌，虽然英美历史学界并没有明确地采纳它的宏伟目标。然而**心态**的概念对所有的现代历史学家都产生了巨大影响。

对心态的思考，是作为摆脱政治史的"常识性"研究方法的一种方式而出现的，这种方式假定国王、国事顾问和官员们是在和历史学家同样"理性"的基础上做决定的（所以当国王未能做出"正确的"决定时，容许政治史学家将国王评判为"坏的"或"软弱的"），但它也是为了解释他们所考察的资料中的某些元素，这些元素似乎与当代关于何为正常的观念不尽一致。例如，马克·布洛赫分析了"国王的触摸"现象——中世纪君主据称拥有通过身体接触治愈疾病的能力。他坚持认为，不能把这种行为当作与严肃的统治活动无关的历史癖好而加以抛弃，它是国王权威的一个必要部分——从而提醒我们，中世纪的权力观念与我们自己的有多么**不同**。伊曼纽尔·勒华拉杜里[②]（另一位年

① 布罗代尔（1902—1985），法国历史学家，第二代年鉴派的代表人物之一，著有《地中海与菲力普二世时期的地中海世界》、《15—18世纪的物质文明与资本主义》等。

② 勒华拉杜里（1929— ），法国历史学家，第三代年鉴派的代表人物之一，著有《蒙塔尤：1294—1324年奥克西坦尼的一个小山村》、《朗格多克的农民》等。

鉴派历史学家)使用宗教审判记录——与我们在第一章所见到的相似——来描绘农民的心态:他们对魔法、仪式、友情、家庭和性的看法。因此,心态产生于认为过去与现在大不相同的一种感觉,以及要找到方法来分析这些不同(而不是嘲笑它们)的一种尝试。

年鉴派所利用的和后来历史学家所继续利用的,是一个不同学科——人类学的洞见。对社会和文化感兴趣的历史学家发现,他们需要一种方式来思考人类互动的模式,即人们何以行事的**未被阐明的**(有时是未被承认的)原因。将自己的时间用于研究和分析异文化的人类学家,为思考这些事情提供了有用的框架,给了历史学家一种语言来讨论仪式、社会空间的安排、一种性别对另一种性别的控制等问题。心态成了一种简单的说法,用以概括在过去时代所发现的各种假设、实践和仪式。

使用心态这个词意味着,如我所说,认为过去的人们和这个时代的我们在本质上有所不同。稍后我们将讨论这种看法是否正确。我们首先应该注意到,心态的观念还意味着另外两种认知实践:将人类历史的时间跨度划分为不同的时期,以其创造者从未采用过的方式来解读历史证据。

如我们所见,至少从纪元开始,难以把握的宏伟时间被划分为更容易处理的部分,譬如奥古斯丁划分出人类的六个世代。最主要、最普遍的划分是古代、中世纪和现代(容许古代晚期,中世纪早期、盛期、晚期,现代早期等细微的差别)。显而易见但不可忽略的一点是:这些划分是由人类做出的,因而是武断的。生活于"中世纪早期"的人们不会——**不能**——给自己贴上这个标签。对他们来说,他们生活于"现在",正如我们一样。他们对自己的"现在"将去向何方可能有不同的看法——这是通向世界末日和上帝审判之旅的最后一步，但它仍然是“现在”。我们回头观望，在沙地上随意划线，从中切下这个时期，将纷繁复杂的两千余年裁剪成种种形状，使之更易于理解。我已经提到了几大片：古代、中世纪和现代。但是还有通常被我们遗忘的更小的片：例如世纪和年代。“18 世纪”是指代 1700 至 1799 年的便捷方式，但它仍然是一种武断的划分。在西方历法中，现代只不过运转了几百年，而且现代具有文化上的独特性（例如它在年代上不会遵循犹太人或中国人的历法）。把“世纪”作为比如说“国王统治”的对立面来思考，只是在最近两百年左右才普及起来。当修昔底德撰写伯罗奔尼撒战争史的时候，他在为读者制作一份清晰的年表时遇到了障碍，因为不同的希腊城邦用不同的方式标记年代，一年中的不同月份也有不同的名称。他不得不创造出他自己的体系（将战争进行的年份编上从一到六的序号，再把它们分为“冬天”和“夏天”），而我们也继承了我们自己的——同样是创造出来的——方案。

但是，这些沙地上的线条开始有了更广泛的联系：如果我们要讨论“18 世纪的思维方式”，我们会不会假定它在 1799 年 12 月 31 日午夜变成别的东西了呢？我们谈论“60 年代”和“70 年代”的西方，以说明我们认为这些年代所具有的本质性或独特性的东西。但这同样是一种简单的说法——现代历史学家最近开始争论，“60 年代”（他们用它来表示一系列文化观念和价值）**其实**是从 1964 年到 1974 年。同样地，另一些历史学家有时会讨论“**漫长的** 18 世纪”，也就是说，一个在某种程度上超越了通常一百年的世纪。将时间划分为时期，这无疑是有用的，也许还是不可避免的，但是需要对它保持警惕。每一个“60 年代”的人都会在头发上戴花、服迷幻药、前往伍德斯托克[①]吗？如果不是，我们为什么要选择这种生活模式——这种心态——作为那个十年的“基本”形象呢？

最近，多数发达国家都在关注2000年可能发生的灾难，因为它是一个千禧年。这些忧虑有的很极端，例如美国“天堂之门”教的那些信徒们相信上帝的审判即将来临，因而选择了自杀。有的忧虑则相当理性，例如担心计算机芯片因为无法处理新的日期而失灵。不过我们可以记住，生活在一千年以前的人们也经历了某种忧虑——事实上也许更甚，因为在那些日子里他们更加坚定地认为上帝要计划终结人类的历史。我们还可以思忖这一事实，即“2000年”（虽然存在微芯片设计上的缺陷）是人类的创造，其基础是一种直到最近才为世界上部分人口所使用的武断的历法。严格说来，当年份从“99”变成“00”的时候，我们认为自己究竟发生了什么变化呢？

但这并不意味着，将时间武断地划分为时期是与人类的生活和历史无关的。虽然千禧年的日期是武断的，但它毋庸置疑地影响了人们的行为方式。它在广播、电视和互联网中被详细地讨论。它促使人们去储藏食物、寻找神灵、抛却信仰、酩酊大醉或者孕育孩子。或许，这就是我们的心智——我们心态的一部分。但它大概不会是21世纪末人们的心智，至少21世纪末的人们不会以完全相同的方式来思考它。同样，18世纪的人们**的确**是以不同于我们的方式在思考（进而实践）至少某些主题。分期——将时间划分为更小的单位——可能会将我们引向错误的思考模式，但它作为一种审视过去的方式或许是不可避免的，并能帮助我们了解人们是怎样因时而变的。

① 美国纽约州东南部的一个村庄，以一年一度的摇滚音乐节而知名，被视为20世纪60年代美国纵欲享乐主义的象征。

要理解不同的思维方式、不同的心态，就得小心翼翼地使用资料。如我所指出的，它要求以其创造者从未采用过的方式来解读资料，寻找他们从未考虑过的意义。这通常被现代历史学家称为“反对谷物的解读”[①]，“谷物”指的是资料**想要**采纳的方向和主张。显而易见，历史学家解读特定的资料，必然意味着以不同于其创造者的方式来使用它们。比如说，当15 世纪佛罗伦萨的官员们创造出被称为 *catasto* 的大量税收记录时，其目的在于城市的财政管理。但现代历史学家得到了这一庞大资料，他们将其中的信息录入计算机数据库。这使他们得以看到佛罗伦萨人从未发现（既没有兴趣也没有时间）的显著模式：关于婚姻、生活周期、家庭、性别和劳动分工的模式。

但另一些资料也许更成问题。比如索尔兹伯里的约翰[②]写的《政治制度》，这是一本撰写于 12 世纪的政治哲学著作。《政治制度》想要给君主政体提供一种模式，而且（和税收记录不同）不仅是为了给作者当代的人阅读，也是为了给后来时代的其他人阅读的。然而，历史学家可以用一种不同的方式来解读《政治制度》：注意到索尔兹伯里的约翰以“身体”来象征社会（国王是头，国事顾问是心脏，农民是脚等等），他们可以坚持这一象征是为了提供一幅“自然”而静态的中世纪社会图景，并将其与中世纪文化中“身体”的其他常见用途联系起来，或许可以由此辨识出一种中世纪的心态。索尔兹伯里的约翰并不“知道”自己在书写象征化的身体——他认为自己写的是政治。但历史

① 原文为reading against the grain，指在文字的本义之外解读出新的意义，这里按其字面意思译为“反对谷物的解读”。

② 索尔兹伯里的约翰（1120?—1180），英国政治哲学家，著有《论政治制度》。

学家可以在他的文本中发现其他的意义。这会不会让我们产生片刻的疑虑呢？要是未来某个傲慢的学者阅读我们的书信、日记、电子邮件，声称我们在写作时并不“知道”自己正在揭示什么，我们会做何感想呢？

我们会感到愤慨（当然，尽管我们已经死去）。但是应该注意到，不管我们喜不喜欢，文本是有生命的，在作者死去**之后**文本会继续变化和改动，而无论历史学家是否在场。例如，《政治制度》被后来的政治理论作家所阅读，他们以完全不同的方式来使用它，从中提取出其他的意义。在特定的时刻，它不再是一个好政府的模式，而成了一个来自过去的有趣的时代错置，使更“现代的”思想家们可以提出更好的模式。文本意义的变化过程并不仅限于学术著作：你也许听过美国歌曲作家布鲁斯·斯普林斯汀的歌曲《生于美国》。它是作为一首抗议歌曲被创作出来的，针对的是越南战争对美国军人的后续影响，以及社会如何让他们失望。然而，它却很快被左翼的里根政府挪用为一首赞扬爱国主义自豪感的颂歌。就是这样：写出、唱出、说出的**任何东西**，都可以被用来表示不同的东西。它也能告诉读者一些关于作者的事情，它们是作者本人都没有完全意识到的。和任何其他著作一样，本书也许充分显示了我的，或许是我这一代人的不自觉的偏见。我为什么要选择我在这些章节中所使用的**特定**历史事例呢？显然是因为我认为它们有趣、值得去思考，但它们是**我的**选择，是在特定的文化背景中、在特定的时刻所做的选择。

所以，如果我们不仅要了解人们想的是“什么”，而且要知道他们**怎样**思考的话，那么“反对谷物的”资料解读不仅是容许的，而且可能是必须的。过去二十年间，在文献中发现的语言、形象、象征越来越引起历史学家的兴趣，部分原因在于文学理论家对历史学界的影响。例如，不同时代和地方所使用的侮辱性语言，可以展现文化中的迷人变化：在中世纪人可能被称为“狗”或“山羊”，在现代早期更可能是“老马”[①]或“杂种”。前者来自乡下的环境和动物的象征意义，后者来自关于性和社会幽默的观念。但这里还有另一个问题，它同样是语言问题。在历史学家撰写其真实故事的时候，他（她）如何将过去的心态翻译给现代读者呢？要用谁的话来解释资料（从而解释过去）呢？是死者的，还是生者的？

死者的话可能具有欺骗性。它们有时和我们所说的话相同或相似，却意味着不同的事情：例如，“农场”（farm）对中世纪的人们来说意味着租费或税金；现代早期，“放荡”（lewd 或 lewed）指的并非是缺乏礼貌而是缺乏知识。当后来的历史学家回顾 20 世纪 80 年代，发现多种事物都被从其反面描述为“坏”或“邪恶”的时候，类似的问题大概也对他们产生了影响。孔塔的学徒们把他们的老板描述为“资产阶级”，但它要早于卡尔·马克思对这个概念的更为人熟知的用法，它们不是一回事。

而且，“像过去的人们所理解的那样”描述一件事，实际上意味着以**特定的**历史人物所理解或希望它被理解的方式去描述事件。记录英国 1381 年起义的中世纪编年史家，将该起义描述为一场“动物”般的人们所发动的盲目叛乱，但起义者对此并不这么看（他们认为自己是在像良好的英国臣民那样行事，是在向国王发出呼吁）。当时英国对法国大革命的报道，也为“无套裤汉”们描绘了一幅近乎野蛮的画面，因为害怕“暴徒”会出

① 原文中的jade在英语中可指疲惫无用的老马，也可以指声誉不佳的荡妇。

现在海峡的这一边，但是同时，革命者认为他们是在为自由、平等、博爱而战斗。

历史学家需要意识到过去语言的微妙之处——比如说，要理解“权利”之类的微妙概念在不同时代、不同地方变化着的焦点和意义，但是历史学家绝不能变成古代词汇的奴隶。“民主”产生于古代雅典，或者我们愿意相信是这样，但没有一个古代史学家会将这个城邦的统治等同于20世纪的代议政治。美国宪法的制定者在普遍和“天赋”的意义上谈论“权利”（“我们认为这些真理是不言自明的……”），可他们并不相信妇女和穷人应该拥有选举权，而且他们还占有奴隶。他们并不是彻头彻尾的伪君子，在某种程度上他们是那个时代的产物。他们在自己的世界中将某些东西视作理所当然，他们也是这些理所当然之物的产物。不过，如果对你个人有好处的话，将一件事——譬如奴隶制——视为理所当然要容易得多。实际上并不是每一个18世纪的美国人都支持奴隶制，有些政治激进主义者对这种做法进行了严厉批评。时代的话语又一次成了**特定**人群的话语，因而与权力斗争相纠缠。

然而，生者的话同样会给我们制造难题。使用现代标签来描述过去，可能会导致危险的时代错置，尤其是当那些标签指向一些新近才发明、却声称具有超越时代和文化之普遍适用性的概念时。因为文艺复兴时期的意大利城邦允许特定的公民选举特定的官员而将该城邦描述为“民主的”城邦，就是在把关于什么是正确和公正——另外两个棘手的词语的现代联想运用到遥远的情境。当时的人会谈论“共同的善”，谈论“好政府”，拥有他们自己的管理事物的最佳模式。还有一些词可能更棘手：对我们来说，“爱上”某人也许意味着流星、灵魂的伴侣、眼神的交流、一致的心跳等形象。这种“爱”的概念是19世纪的发明；此前时代的人们也会“爱”，但其爱的观念所涉及和意指的内容是不同的，比如说，较少涉及两个个体之间的联系，而更多意指不同的家庭如何通过婚姻被连在一起。这不是要否认过去人们的情感，而是要允许他们有**他们的**情感，而不是将他们的情感转换为我们自己的。

有时候，运用特定的词汇回溯过去无疑是有用的，它使历史学家能够总结出当代人并不完全了解的某种过程或状态。不过这里的危险在于，创造一个术语的原因被忘记，一次次的使用让它僵化成某种想当然的、未经审查的东西。历史时期和事件特别容易陷入这一过程：例如，“文艺复兴”和“启蒙运动”可以通过其用法的熟悉性，获得一种虚假的连贯性和完整性。甚至像“英国内战”这样实实在在的事情也会出问题：有些历史学家认为其他的术语，比如说“叛乱”或“革命”，会更加管用（并且意味着完全不同的内容）。无论如何，不存在一场单独的战争，只有一系列的冲突——在17世纪至少发生了三次英国内战。另一个棘手的词是“封建主义”，它用来描述中世纪的社会等级制，人们被土地所有权和相应的义务所束缚。这个词是一个更晚的发明，如同许多人所争论的，它混淆了中世纪的土地与义务、工资、习俗、法律之间各种神秘而异质的联系。尽管如此，它仍在被使用，也许仅仅是因为它是一个有用的简单说法。

这将我们带回到心态的概念上来，心态是一个有关时代文化及其如何影响人们的思想和行为的简单说法。我在前面提到，区分历史学家的方式之一，是看他们是否相信过去的人们在本质上与我们相同。也许还有其他问题：在使用心态这样的词语时，历史学家是否认为特定时期的思想存在一个整体模式？16 世纪的人是否不同于我们？过去的人是否**以相同的方式**不同于我们？谈论“16 世纪的思维方式”或者“16 世纪的心态”，可以说明存在一种“16 世纪”的特性，这是历史学家可以识别的关键或核心。如果答案是**肯定的**，那又会引发另一个问题：如果他们与我们如此不同，历史学家究竟如何能够理解他们呢？

有人说，虽然时间的流逝会引起变化，但某些事情是历史上的所有人都会经历的，这些事情将我们联系在一起：出生、性和死亡。（事实上按照这一思路，大概也能声称所有人都经历过疲倦、头痛和消化不良，但既然它们看起来既没有戏剧性也没有哲学性，我们会将其忽略掉。）有人声称，通过人类的这些关键时刻，能够获得对过去生命的真正理解，再次走进他们的大脑，考虑他们的想法。

问题在于，这三个关键时刻中有两个是我们自己都没有**经历**的，至少不是以我们所能叙述的方式（我从未听到任何人用令人信服的语言描述过被生下来的感觉或者死亡的感觉）。我们拥有别人观察这些时刻或者与之互动的经验——历史在这里再次登场，因为这些事情是随着时间而变化的。以出生为例：女性如何怀孕，她们如何理解妊娠的过程，出生时有谁在场，出生前后的仪式，对待新生婴儿的方式——所有这些事情都因时、因地而变。古代的某些孕育理论断言，只有男人的种子是必不可少的，女人不过是一个容器。中世纪有的医生认为女人也提供“种子”，有人则相信女人必须达到高潮才能怀孕。但到 19 世纪，男人不知怎么忘了女人是有高潮的。中世纪偶尔会采用剖腹产，但它负载着魔鬼的含义，因为孩子不是“女人生的”。如今剖腹产在西方社会已经很常见了。过去，有时会故意把婴儿单独留在户外过夜，看他们是否足够强壮，能够活下来（因为要是孩子活不长的话，谁愿意多喂一张嘴巴呢）。而在最近的时代，人们会因为让孩子单独待上不到一个小时而被捕。

死亡——别人对死亡的经历和理解——也发生了巨大的变化。前基督教时期的战士希望遭遇迅速而短暂的死亡，期待在战场上英勇地死去。基督教骑士期待漫长的死亡，这样他们可以知道随后发生的事情，并有时间准备好自己尘世的美德和自己的灵魂。有些人曾经认为作为一种丧葬形式把人吃掉是恰当而且可敬的。另一些人认为将数百万同类锁在集中营里有计划地杀死是合理的。他们的敌人则认为扔下威力巨大的炸弹，在瞬间杀死千百万人是一个好主意。某些死去的人认为自己的灵魂会在新的身体里重生；另一些人认为自己会生活在这个世界之外的另一个世界；更多的人认为什么都不会再发生，死亡是一个大大的句号。

这里的关键是，虽然任何时代的任何人都确实会出生和死去，但他们对这些过程的看法却迥然不同，很难从中发现什么“本质”可供历史学家把握。性（它无论如何不是每个人都会经历的，不管是出于选择还是偶然）甚至更加混乱。任何历史时期都有它自己的观念，以确定年龄、性别、肤色、地位、目的、期限的哪些组合形式是可取的、可能的、可允许的和可敬的。

但今天仍然活着的每一个人也是如此。当然，我们往往根据自己的喜好和偏见聚在一起，我们个人的想象也许没有那么丰富。但在整体意义上，我们是多元的、复杂的和不寻常的。我在本章开头指出，20 世纪的我们不再杀猫并从中取乐。总体而言这当然是对的，但它并非故事的全部。虽然我从未看见它发生过，但我读到了足够多的记载——美国的年轻人用焰火来折磨猫，因为觉得这很有趣——令我怀疑它仍旧存在于现实中。

心态的问题——或许也是解决之道——在于，过去的人们不同于我们，正如我们**不同于我们自己**。在特定的时刻，他们——还有我们——保持着不同的行为模式，历史学家当然可以找出这些模式，但他们既不和我们完全相同，也不和我们完全不同。也许历史学家所能做的事情之一，就是帮助我们反思这一整句话，回顾过去以重新审视现在。

这就提出了我们认为历史是**为了**什么、我们为何要费心去研究它的问题。下一章，我们将对真相和解释，以及历史何以重要做出进一步的思考。

第七章

说出真相

1851 年 5 月 28 日早晨，在阿克伦市[①]一座拥挤的教堂里，一位自称索杰纳·特鲁斯[②]的女性站起来，在俄亥俄州妇女权利大会上发表了一番演讲，她过去曾是个奴隶。索杰纳·特鲁斯所说的内容有两种记载。这是第一种（因为篇幅原因而稍做了编辑）：

> 我可以说几句吗？……我是一个坚持妇女权利的人。我有和男人一样多的肌肉，可以做和男人一样多的工作。我犁地、收割、脱壳、砍伐、除草，哪个男人能做得比这更多？我多次听说过性别平等。我能扛得和男人一样多，也能吃得和男人一样多，要是我能得到那么多食物的话。我和在场的任何男人一样强壮。至于智力，我只能说，要是女人有一品脱而男人有一夸脱[③]的话——为什么不能让

① 美国俄亥俄州东北部的一座城市。

② 特鲁斯（1797—1883），美国著名废奴主义者和女权主义者，原名伊莎贝拉·鲍姆弗里（Isabella Baumfree），后改用此名，姓Truth意为"真理"，名Sojourner意为"旅居者"。

③ 品脱和夸脱均为美制液量或干量单位，1夸脱等于2品脱。

她装满自己的一小品脱呢？你们用不着担心我们拿走太多而害怕给我们权利——因为我们没法拿走比我们的品脱更多的东西。可怜的男人似乎慌乱不堪，不知如何是好。……我听说过《圣经》，知道夏娃让男人犯下了罪孽。好吧，要是一个女人推翻了这个世界，就给她个机会把它再翻过来吧。那位女士说到耶稣是怎么从不弃绝女性的，她说得对……耶稣是怎么来到这个世界的？是通过创造他的上帝和生下他的女人。男人，你的作用在哪儿呢？……但男人待在一个紧张的地方，贫穷的奴隶要针对他，女人也要针对他，他当然就两面受敌了。

这是第二种记载（也经过了编辑）：

好了，孩子们，这么吵吵闹闹的准是出了什么问题。我想，南方的黑人和北方的女人都在谈论权利，白人男性很快就会遇到麻烦了。……我不是一个女人吗？看看我，看看我的胳膊……我犁地、播种、把粮食收进粮仓，没有人听得见我说话——我不是一个女人吗？我可以干得和男人一样多，吃得和男人一样多（在我有那么多食物的时候），还要承受责骂——我不是一个女人吗？我生了十三个孩子，眼看着他们大多数被卖去做了奴隶，当我带着母亲的悲痛哭喊的时候，除了耶稣之外没人听见——我不是一个女人吗？当他们谈论头脑[智力]的时候，是怎么看待女人的权利或黑人的权利的呢？要是我的杯子只能装一品脱，而你们的可以装一夸脱，你们为什么不让我们把小小的一半容器装满呢？……那个穿黑衣服的小个子男人[一位牧师],他说女人不能有和男人一样的权利,因为耶稣不是女人。**你的耶稣是从哪儿来的?**……从上帝和一个女人。男人跟他毫无关系。

第一段记载是由马里厄斯·鲁滨逊写下来的,他是编辑塞勒姆市的《反奴号角》的一位白人男性。他记录的版本于1851年6月发表在该报上。第二段记载于1863年4月发表在另一张报纸——纽约的《独立报》上,记录者是一位白人女性作家弗朗西丝·达纳·盖奇。两个版本还为特鲁斯的演讲描述了不同的听众。鲁滨逊(实际上还有其他资料)显示的是支持呼吁妇女权利者的一场集会,与会者怀有敬意地倾听着。盖奇说的却是由傲慢的男性和羞怯的女性所组成的充满敌意的人群,其中有些人不想将奴隶制和种族问题与对妇女权利的呼吁联系起来。那么,哪一种记载才是真相呢?

前几章还有其他的问题尚未解决:历史学家能否理解和接近过去的生活?他们写下的故事是否是"**真实的**故事"?历史的意义会是什么?我想我们在结束这本小书之前可以实现这些诺言,我们可以从尝试回答上述问题开始。

约1797年,索杰纳·特鲁斯在纽约州的阿尔斯特县生于伊沙贝拉·范·瓦格伦的家中。她是一个奴隶家庭的孩子,主人是一名曾在美国革命中参战的上校。大约三十岁时她成了一位自由女性,虽然她的孩子们仍然是奴隶。她虔诚地信奉宗教,不识字,但显然具有坚强的个性。1843年,她开始使用响亮的新名字,参加了废奴运动、美国内战和争取妇女权利的斗争。她的详细生平见于其口述自传《索杰纳·特鲁斯自述》,该书出了好几个版本。她在世时已经成了一位知名女性(见过三位不同的美国总统),成了非裔美国人的反抗意识和女性主义声明的象征,现在主要因“我不是一个女人吗?”的演讲而被人们记住。

我们还有关于19世纪奴隶和曾经是奴隶的那些人的生活的其他记载,许多是由那些人自己记下或口述的。这样,人们也许会试图重建当时美国黑人的心态——一种共有的思想和语言模式,从而确定阿克伦演讲的哪一种记载更符合这一模式。这会让我们倾向于盖奇的记载:它是用方言写成的(因为一个不识字的黑人妇女肯定不会说第一段记载中那种准确的英语),它“可信地”缺乏对“智力”之类抽象概念的了解,它还回荡着口头表演那诗歌般的回响——“我不是一个女人吗?”这和美国黑人的宗教布道传统有所关联。

但把心态作为一个概念的问题在于,它会削平一切差异,将复杂的人类特性浇铸成**一幅**某时某地的“常态”画面。这些“常态”要素不可避免地被从资料,通常是写下来的文献资料中提取出来,它们本身就**代表了**人们如何说话、思考和行动。历史学家内尔·埃尔温·佩因特[①]——索杰纳·特鲁斯的传记作者——告诉我们,特鲁斯通常并不喜欢用方言记录她说的话。我们或许认为与发音一致的拼写方式代表着真实,特鲁斯却怀疑它贬低了自己不得不说的话的意义。确定阿克伦演讲的第二种记录是真实的——因为它看起来更像是我们所期待的一位未受教育的黑人妇女所说的话——就是将个体的索杰纳·特鲁斯熔入“黑人妇女”这个熔炉,而没有问自己是如何会有这种期待的。不是说不能尝试对心态进行更微妙、更敏感的重建,而是说假设只有**一种**不变的模式是危险的。心态会使变化和差异变

① 当代美国历史学家,著有《索杰纳·特鲁斯生平:一个时代的象征》等。

图 19 索杰纳·特鲁斯

得模糊，它还会隐藏斗争和冲突的存在。索杰纳·特鲁斯所从事的正是这样一种斗争：在内心深处，促使白人男性**以不同的方式**思考性别和种族。

要确定哪种记载是真实的，要理解作为历史行动者的索杰纳·特鲁斯，就会发现历史学家在两种规则之间进退维谷。一方面是对过去事件的想象性重构：询问他（她）自己"如果**我**在那座教堂里，我会听见说了些什么？它对我来说意味着什么？"另一方面是冷酷的侦探：质询资料"你们哪一个在对我说谎？"英美历史学家喜欢把这种二分法描述为作为艺术的历史和作为科学的历史之间的冲突，询问我们的主题究竟属于哪一个阵营。但这是并且总是一个愚蠢的问题，它任意曲解了艺术和科学这两者的性质，假装后者不包括想象或领悟，而前者不具备严密的观察或系统的技巧。它还分裂了两种类型的知识：以意义和理解为基础的真相，和以呆板的事实和平庸的"真实"为基础的真相。换言之，它是在问一个古老的问题：历史知识是主观的（依赖于观察者）还是客观的（独立于观察者）？

如果我们采用"侦探"的立场，也许会认为阿克伦演讲的第一种记录是真实的。它的撰写时间与事件最为接近，作者很熟悉索杰纳·特鲁斯并对语言很敏感，所以（如佩因特所说）不太可能漏掉那个由漂亮的短句"我不是一个女人吗？"组成的四叠句。通过对证据做这样的细致分析，现在大多数历史学家认为鲁滨逊的记载是真相。

然而，历史学家作为侦探的形象（它深受一代代作家的热爱）忽略了犯罪故事的最后一个篇章：法庭现场。侦探力图确定哪种记录是对的、哪种是错的，但只有在陪审团宣布判决以后故事才算完成。因为面对真相与谎言之战的观众也得确定相互冲突的故事的**意义**所在。在历史中和在法律中不一样，同一事例可以重新尝试许多次。这暗示着两件事情：首先，事实与意义之间的对立是不能成立的，因为没有任何“事实”和“真相”可以在意义、解释、判断的语境之外被说出；其次，真相从而是一个**一致同意**的过程，因为什么成为“真相”（什么被承认是“**真实的**故事”）有赖于同侪的普遍（如果不是绝对的话）接受。

有可能，鲁滨逊对索杰纳·特鲁斯演讲的记载比盖奇的诗化版本更加准确。但盖奇的重述也许抓住了那位妇女的一些不同的方面：她是如何行动的？与她熟识的人是如何理解她的？然而，最终**我们还是不知道**。历史学家可以想象他（她）自己回到那座教堂，可以带着一切必需的勤奋、谨慎和开放的同情对资料进行考察。但他（她）不可能真的**在**那儿。就算他（她）能做到，也不能保证历史学家从特鲁斯的嘴里听到的内容，与每一个听众自以为倾听到的内容完全一致。正如每一位侦探和历史学家所知，完全一致的记述通常表明写作时的串通，而不是独立的报道。鲁滨逊和盖奇的记录在特鲁斯所说的大部分内容上是一致的，尽管它们在主题的顺序和使用的语言方面有所差别。所以，这里我们要处理的是情感和意义的问题。

确定“哪个版本是真实的”，还意味着要把某个版本变成需要抛弃的碎片。但我们愿意将“我不是一个女人吗？”这样美好的东西弃若弊屣吗？这并非建议历史学家不应该追求真相，因为，如果没有别的东西，**真实的**故事是最有可能说服陪审团做出一致判决的。但有必要指出，如果追求一种唯一的、整体的真相，我们就会使另一些可能的声音即不同的历史陷于沉默。

这不仅仅是一个夸大其词的告诫，因为压制其他历史故事的过程已经延续了两千多年。修昔底德的政治史之塔遮蔽了其他的声音、其他的过去，虽然（我们已经看到）在各个时代都有一些从那些围墙后部分地逃离。然而，这座塔只是在20世纪才开始倒塌，在最近三十年才最彻底地倒塌。现在，政治史和事件叙述跟**其他的**真实故事一道享有尊崇的地位，那些故事是关于一切时代、地方和文化的绝大多数人民的。社会史从“除去了政治的……历史”（如英国历史学家G. M. 屈威廉[①]曾经描述的那样）变成了一个活生生的、争论不休的、强有力的领域，将马克思主义、人类学家、社会学家和年鉴派的心态结合起来，去理解过去人们的日常生活以及它们如何共同影响着“实际发生之事”。至此应该清楚了，普通民众的行动也能产生“大”事件，正如一小群国王、政治家、统治者等精英分子所做的决定一样：没有乔治·伯德特就没有美洲的殖民化，没有无套裤汉就没有法国大革命，没有索杰纳·特鲁斯就没有奴隶制的废除。

但是社会史又产生了更多的问题。战后时期，女性主义历史学家开始质疑女性是否愿意被纳入“（男）人类”（*man*kind）这个概念，开始考察女性是否拥有她们**自己的**历史。对中世纪和现代早期女性地位的研究，描绘了一个全然不同的故事——女性艰难地逃离男性世界的进步叙事。譬如几乎可以肯定，14世纪末的女性要比她们15世纪末的姐妹们拥有更多的选择、自由和经济独立。妇女史研究计划最初是为了恢复那些“被历史掩盖”的声音，近年来又引发了新的问题：不同时期的两性关系和性别服从模式，以及它们影响其他生活和政治领域的方式。从英国女王伊丽莎白一世控制自己王国的方式，到英国公立学校训练强壮的基督徒小伙子（他们构成了第一次世界大战中的军官阶层），人们对某人“作为”一个女人（其实也包括“作为”一

① 屈威廉（1876—1962），英国历史学家，著有《英国社会史》等。

个男人）的言行举止的期待随时间流逝而发生了变化，并对其他的行为模式产生了影响。

特别是在美国，黑人历史学家致力于恢复他们自己过去被掩盖的声音，他们发现存在着大量的证据：不仅有主人对奴隶的控制，也有黑人（无论如何不全是奴隶）自己的歌曲、记述和自传。和性别一样，“种族”——作为一种思考和观察的方式——也成了一个多产的研究领域，用以考察人们如何理解自己对其他人的征服并使之合法化，以及那些被奴役者、被殖民者是如何处理这种经验的。这些历史试图挑战传统历史的单调声音，不仅要为其他的观点和故事找到一席之地，而且要让历史学家意识到他们是在多么不假思索地想当然。既然历史学家往往为自己质疑一**切**的能力而自豪，这只会是一件好事。最近的例子是那些考察男女同性恋者的历史学家。考察不同时期人们的性别认同和性行为方式，不仅对发现这些人过去确实存在（例如人们可以在一份中世纪的宗教审判记录里找到对一个同性恋男子的审讯）很重要，也极大地挑战了当代关于何为“正常”和“自然”的假设。举一个明显的例子，古希腊人似乎并不把男人之间的性行为和男女之间的性行为视为两种相反和对立的行为。“同性恋”和“异性恋”这两个词（以及就性行为而言的gay 和straight[①]）对他们来说没有什么意义。

经由这些思想再回到真相的问题，确定一种记载优于另外一种的危险在于，它是为了把“历史”浇铸成一个**单一的**真实故事。这也是寻求一种“客观的”或“科学的”历史所遵循的逻辑——就其意欲实现的目标而言，它们都是不可能的。这两者都说明了，主观的历史学家（具有他们自己的成见、阶级利益和

① gay指同性恋，straight指异性恋。

性别政治）试图将**他们的**事件版本作为唯一可能的版本呈现出来。然而，认为*历史*①中存在单一的真实故事，这一观念仍然具有极大的吸引力，因而也具有极大的危险性。报纸每天谈论“*历史*”会如何对政治家或事件做出评判，政治家在“*历史*向我们表明”的基础上为外交政策辩护，全球的战争集团以“他们的*历史*”为基础证明其杀戮的正当性。这是省略了人的*历史*——不管过去发生了什么，也不管现在它被用作何意，都要取决于人，取决于人的选择、判断、行为和观念。给过去的真实故事贴上“*历史*”的标签，是为了让它们看起来是独立于人的参与和作用而发生的。

不过，上述说法绝不意味着历史学家应该放弃“真相”，仅仅专注于讲“故事”。历史学家必须坚持做资料允许做的事情，并接受它们所不允许的。他们不能创造新的记载，或者压制与自己的叙述不一致的证据。但正如我们所见，即使遵循这些规则也不能解决过去所留下的每一个谜团，不能产生一个单一而简单的事件版本。如果我们能接受“真相”（truth）并不要求一个大写的T，而且并不是外在于人类生活和行为而发生的话，我们就可以尝试在其偶然的复杂性的意义上说出真相——或者其实是**许多个真相**。任何其他做法，都不仅辜负了我们自己，也辜负了过去的声音。在讲述索杰纳·特鲁斯的故事时，我们很好地说明了为什么鲁滨逊对其阿克伦演讲的记载可能更加准确（对我们得出这一判断的过程做了解释），但我们还应该讲述盖奇的版本，将二者同时置于更广泛的“真相”之下：那位杰出女性的语言和行为意味着和将要意味着什么。我们还要指出自己不

① 原文为了表示强调，History的第一个字母H是大写的，译文中以楷体表示。

知道和无法知道的东西：倾听索杰纳·特鲁斯的口头诗歌所产生的魔力，可以被报道，却无法被重建。死去的声音，也必须允许它们保持沉默。

我在这里提出的建议有点复杂，但其重要性需要仔细解读。放弃"真相"和一**种**历史的观念不会导致绝对的相对主义，后者认为事件的任何版本都和任何其他版本同样有效。例如，它不会为那些否认大屠杀曾经发生的骗子和空想家们提供支持。纳粹有计划地杀害过六百多万人的证据是压倒性的。试图争辩说它从未发生过，是在亵渎过去的声音，压制对这一被扭曲的论点不利的证据。对于那些不那么使人忧虑的例子来说也是如此：放弃"真相"不等于放弃准确性和对细节的关注，例如，认为新世界的殖民化从未发生过的看法同样是站不住脚的。否认殖民化在某种程度上是以大量土著美洲人的过早死亡为代价的，也不能成立。

然而，争论大屠杀**意味着**什么却更为复杂。对这一问题的一致看法确实很强大，所以我们都知道大屠杀是一种令人震惊的罪恶行径。我们可以有根据地断定，它是人类曾经对自己的同类所犯下的**最**邪恶的罪行。但就算同意这一判断，我们也得当心这是否会阻止自己进一步提问，从而把大屠杀变成一种不仅是道德上而且是研究上都无法逾越的障碍。例如，这一可憎的行为是由谁犯下的？如果我们的答案是"阿道夫·希特勒"，我们就会忽略那些积极参与或被动卷入这一罪行的德国人、奥地利人、法国人、瑞士人和其他人等。如果我们仅仅考察德国的反犹太主义，我们就会遮蔽这一时期其他国家内部的反犹太主义和法西斯主义因素（例如战前由奥斯瓦尔德·莫斯利领导的英国法西斯主义者）。这些复杂性并没有减轻在德国集中营里所犯下的罪行的恐怖性和残暴性，但它们有望引导我们更好地理解人类（而不是怪物）能够做出些什么。更好地理解**我们自己**。

那么，如果历史是如此复杂、如此**困难**而且不完全可靠，为什么还要研究它呢？历史为什么重要呢？有时人们会说，我们研究历史是要为现在获取教训。这种说法使我感到吃惊，它是有问题的。如果这样说是指历史（或*历史*）为我们提供了有待学习的教训，我至今还未看到任何人在课堂上专心致志地学习教训的例子。不考虑其他事情，如果这些教训（模式、结构、必然结果）存在的话，它们会允许我们预测未来。但它们没有；和以前一样，未来仍然是晦暗不明和令人激动的。但是，如果我们说的是过去为我们提供了**吸取**教训以供思考的机会，我会更加信服。回想人类过去所做的事情——坏的和好的——为我们提供了例证，我们可以借此思考自己未来的行为，正如对小说、电影和电视的研究一样。但是，想象过去事件所拥有的具体模式可以为我们的生活和决定提供样板，就是将一种无法实现的确定性希望投射到历史上去。

本书开头提到的另一种看法是，历史为我们提供了一种认同，正如记忆之于个人一样。这作为一种现象当然是对的：不同的群体，从信仰新教的北爱尔兰人到因纽特人，都把过去的事件作为其集体认同的基础。但它也是一种危险，欧洲不同种族群体之间的血腥冲突充分证明了这一点。我们可以将自己的认同部分地诉诸过去，但是为过去所束缚则意味着失去我们的某些人性，失去做出不同选择的能力和选择认识自我的不同方式的能力。

有时人们还认为，历史可以向我们展现关于人类状况的某些深刻而根本的洞见；通过审视过去，我们可以发现自己生活的某种内在脉络。兰克的“仅仅说出事实是怎样的”，也可以被转换成“仅仅说出**本质**是怎样的”。历史学家长期承担着这样的工作：探测人性、上帝、形势、法律等事物的“本质”。但“本质”对我们今天有任何意义吗？我们相信在不同的人们和时代之间存在任何“本质的”联系吗？如果相信，那是因为我们希望展示普遍的人权，希望牢牢把握住体面和希望。我们也应该如此。但是在这里，历史学家没有，也不应该有太多的用处：历史学家可以提醒我们“人权”正如“自然法”、“财产”、“家庭”等概念一样，是一种历史的创造（尽管如此，它却并非不“真实”）。“本质”会让我们遇到麻烦，就像当我们相信“（男）人”（man）这个术语总能代替“女人”，或者认为不同的“种族”有其内在的特征，或者想象**我们的**政治和统治模式是唯一正确的行为模式时那样。所以历史学家可以从事另一种工作：提醒那些寻求“本质”的人意识到为它必须付出的代价。

我想提出另外三个理由，来说明为何要研究历史，历史何以重要。首先仅仅是“乐趣”。研究过去时有一种愉悦，就像研究音乐、艺术、电影、植物学或天文学一样。我们有些人能从这些事情中得到快乐：阅读古文献，凝视古画，发现某个与我们自己不完全一致的世界。我希望，就算没有别的价值，这本简短的导论也能让你享受某些历史要素的乐趣，希望你在与吉扬·德·罗兹、洛伦佐·瓦拉、利奥波德·冯·兰克、乔治·伯德特和索杰纳·特鲁斯的会见中获得愉悦。

由此出发，是我的第二个理由：将历史作为某种思考的工具。研究历史必定意味着将自己带出当前的环境，探寻一个不同的世界。这不能不让我们更好地了解自己的生活和环境。考察过去的人们如何以不同的方式行事，为我们提供了一个机会去思考**我们**如何行事、我们为何采用这种思维方式、我们对哪些事情想当然或一味相信。研究历史是为了研究我们自己，不是因为要从过去的世纪中折射出难以捉摸的“人性”，而是因为历史使我们感到非常欣慰。造访过去在某种程度上就像造访一个异邦：他们做着某些相同的事情和某些不同的事情，但他们首先让我们更加了解我们称为“家乡”的地方。

最后是我的第三个理由。同样它和前面两个理由相联系：以不同的方式思考自我，推断我们人类作为个体是如何“产生”的，也是为了认识到以不同方式行事的可能性。这将我带回了本书第一章的一个观点：历史是一种论辩，而论辩提供了**变化**的机会。当某些独断论者声称“这就是唯一的行为过程”或者“事情一直就是这样”的时候，历史允许我们提出异议，允许我们指出总是存在**许多**行为过程、**许多**存在方式。历史为我们提供了拒绝服从的工具。

我们必须结束这本小书了。既然已经做了介绍（“读者，这是历史；历史，这是读者”），我非常希望你们相互之间继续熟识下去。

有一位我非常钦佩的作家，一个叫蒂姆·奥布莱恩[①]的美国小说家。他曾作为士兵在越南待过，他的作品力图表明讲述一个“真实的战争故事”的可能性和不可能性，以及它意味着什么。他比我自己更好地领会了那个短语中的悖论有多么重要。那么，我们就把最后一句话送给他吧：

“但这也是真的：故事能够拯救我们。”

---

① 奥布莱恩（1946— ），美国小说家，著有《恋爱中的猫》等。

索引

（条目后的数字为原文页码）

A

B

C

D

E

F

G

H

I

L

M

N

O

P

V

W

Y

John H. Arnold

HISTORY

A Very Short Introduction

For Mum, Dad, Ruth, and Victoria

Contents

List of illustrations

Preface and acknowledgements

There are perhaps three kinds of books one can write on the subject of 'history' in general. One is a 'how-to' guide to practice. Another is a philosophical investigation into theories of knowledge. The third is a polemic supporting a particular approach. This book is an introduction to history, and cannot claim to be fully any of these things, although it takes a little from each. Overall, however, it is intended as a work of *enthusiasm*. What is written here presents my views on what history is, how it is researched, and what it is for. I have, however, always tried to indicate that there are other paths to follow, other arguments to discover; and I hope that the reader might be tempted into some further exploration.

The book is loosely arranged into three sections. The first three chapters aim to raise certain questions, engage the reader's interest, and describe (in brief terms) what history has been in the past. Chapters 4 and 5 attempt to show how one might set about 'doing' history, first by working with sources and secondly by thinking about interpretations. The final chapters present some thoughts on the status and meaning of history and truth, and why history matters.

The chapters here have had many readers prior to their final versions, and I have incurred great debts towards a number of people who have set me straight on various topics. In particular, I must thank Barbara

MacAllan, an expert on East Anglian migration to the New World, who first set me on the trail of George Burdett. Without her extreme generosity Chapter 4 would not have been written. Any remaining foolishness, on this or any other area, is entirely my own property. Those others exculpated of guilt, but deserving of gratitude, include the following: Edward Acton, Katherine Benson, Peter Biller, Stephen Church, Shelley Cox, Simon Crabtree, Richard Crockett, Geoff Cubitt, Simon Ditchfield, Victoria Howell, Chris Humphrey, Mark Knights, Peter Martin, Simon Middleton, George Miller, Carol Rawcliffe, Andy Wood, and a host of anonymous readers at OUP. For what they have taught me about history, I have to thank the staff and students at the Department of History and the Centre for Medieval Studies at the University of York, and the schools of History, and of English and American Studies, at the University of East Anglia. Lastly, I have the longest debt to my father, who is always willing to argue about history and to tell me why I'm wrong.

Chapter 1
Questions about murder and history

Here is a true story. In 1301 Guilhem de Rodes hurried down from his Pyrenean village of Tarascon to the town of Pamiers, in the south of France. He was on his way to visit his brother Raimond, who was a monk in the Dominican monastery there. The journey was a good thirty kilometres along the gorge of the river Ariège, and it would take Guilhem at least a day to reach his destination, travelling as he was on foot. But the reason for his trip was urgent: his brother had sent him a letter warning that both of them were in great danger. He had to come at once.

When he reached the monastery at Pamiers, his brother had frightening news. Raimond told him that a certain *beguin* (a kind of quasi-monk, who did not belong to any official religious order) had recently visited the monastery. He was called Guilhem Déjean, and he posed a real threat to the brothers. Déjean had apparently offered to help the Dominicans catch two heretics – Pierre and Guilhem Autier – who were based in the Pyrenean village of Montaillou. He knew about the heretics because a man, who had given him shelter for the night, up in the mountain villages, had innocently offered to introduce Déjean to them, thinking he might join their faith. Déjean had met the Autiers, and gained their trust; now he could betray them.

But what really terrified Raimond was that Déjean had also claimed that the heretics had a spy within the monastery. This spy, the *beguin* said, was linked to the heretics through his brother, a member of the laity, and a friend of the Autiers. The brother was Guilhem de Rodes; the alleged spy was Raimond de Rodes. 'Is this true?' demanded the frightened Raimond. 'Have you had contact with the heretics?'. 'No', replied Guilhem de Rodes. 'The *beguin* is a liar'.

This was itself a lie. Guilhem de Rodes had first met the heretics in the spring of 1298. He had listened to their preaching, had given them food and shelter, and was in fact related to them: they were his uncles. The Autiers had recently returned from Lombardy, having previously been notaries working for the small villages and towns around the Ariège river. In Lombardy they had converted to the Cathar faith, which had been dominant in southern France during the thirteenth century, but had died out in more recent years under the attentions of the inquisitors. Pierre and Guilhem Autier were to start a revival.

Catharism was a Christian heresy. Those who held the Cathar faith called themselves 'Good Christians' and believed that they were the true inheritors of the mission of the apostles. They also believed that there were two Gods: a Good God, who created the spirit, and a Bad God who created all corporeal matter. This 'dualist' belief was antithetical to Roman Catholic orthodoxy; and in any case, the Cathars believed that the Roman Catholic Church was corrupt – 'the Whore of Babylon' they called it. In the early thirteenth century there were several thousand Cathars, and many more believers, in the south of France. By the early fourteenth century, however, only fourteen Cathars survived, largely hidden in the Pyrenean villages. Nonetheless, such beliefs were not tolerated by the orthodox powers. Hence the eagerness of the Dominicans at Pamiers to take the opportunity to capture the Autiers. Hence too the danger that Guilhem Déjean posed to the de Rodes brothers.

Guilhem de Rodes left his brother and returned home to the Pyrenees.

He travelled to the village of Ax (another thirty kilometres from Tarascon) to warn Raimond Autier (brother of the heretics) about Déjean. Once back in his home village, he also warned a man called Guilhem de Area, who lived in the neighbouring settlement of Quié. We do not know if he intended thus to set in motion the events that subsequently transpired.

Guilhem de Area was a great supporter of the Cathars. He immediately sought out the *beguin* Déjean, and asked him if he was looking for the Autiers. 'Yes', replied Déjean; so Guilhem de Area offered to lead him to them. Pleased, and unsuspecting, the *beguin* agreed. They travelled together to the village of Larnat, deeper into the mountains.

Guilhem de Rodes heard that later the same night, as the *beguin* reached the bridge outside Larnat, two men appeared: Philippe de Larnat and Pierre de Area (Guilhem de Area's brother). And this is what happened:

> Immediately they grabbed him [Déjean] and struck him so that he had not the strength to cry out. They took him to the mountains around Larnat, and there they asked him if it was true that he wanted to capture the heretics. He admitted that it was; and instantly Philippe and Pierre threw him off a great cliff, into a crevasse.

The murder remained a secret for many years. Guilhem de Rodes, Raimond de Rodes, and the Autiers were safe for the time being.

What are we to make of this long-forgotten murder? It was recorded in the registers of inquisition in the year 1308, when Guilhem de Rodes confessed what he knew about heresy and heretics. It was retold by three other witnesses. For his contact with the Cathars, Guilhem was sentenced to prison, along with sixty other people. It survives for us as a small, dark, fascinating vignette from the fourteenth century. This then is 'history': a true story of something that happened long ago, retold in

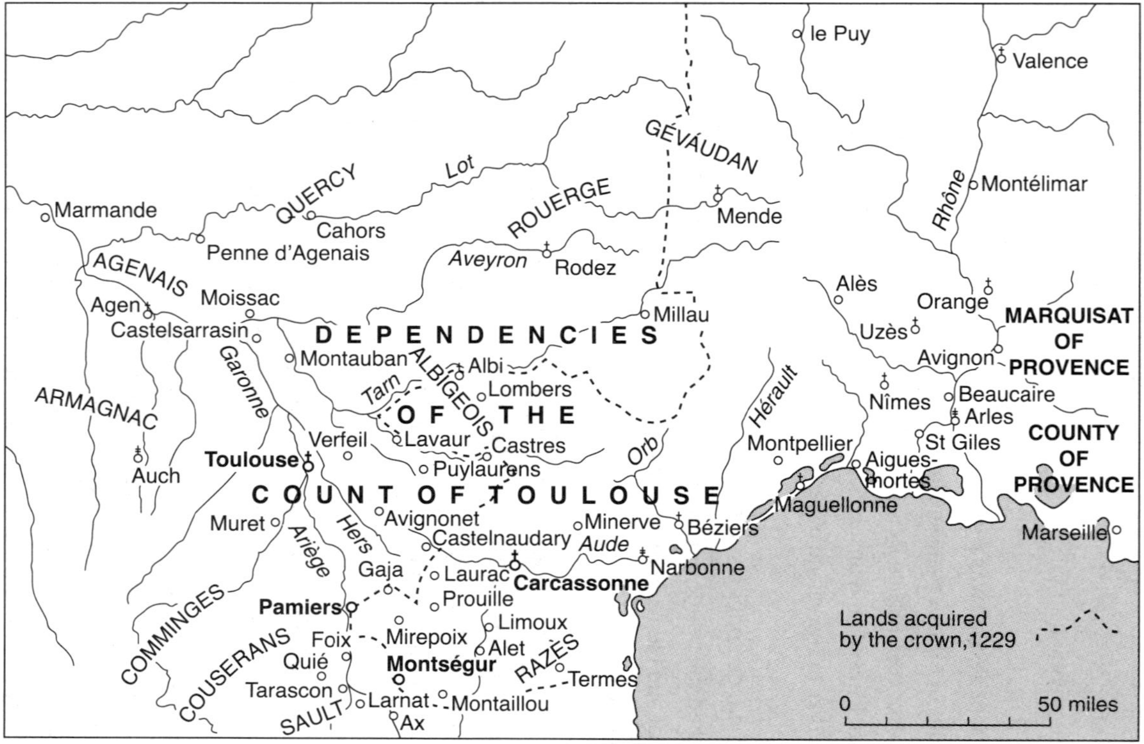

1. Towns and villages in Languedoc (southwestern France) in the middle ages. Guilhem Déjean's corpse presumably lies south of Larnat.

the present. The past is brought to life once more, and the unequal contact between then and now has been re-established. Is the historian thus acquitted of his or her task, and this short introduction to History now concluded?

Let us not end our journey quite so soon. There are lingering questions about the murder of Guilhem Déjean, and questions waiting to be asked about history in general. The process of writing history ('historiography') is full of questions, as this book will show. We can use this first chapter to begin to examine these questions, some of which may have already sprung to mind. In many ways, history both begins and ends with questions; which is to say that it never really ends, but is a *process*.

Language can be confusing. 'History' often refers to both the past itself, and to what historians write about the past. 'Historiography' can mean either the process of writing history, or the study of that process. In this book, I use 'historiography' to mean the process of writing history; and 'history' to mean the end product of that process. As we will see, this book argues that there is an essential difference between 'history' (as I am using it) and 'the past'.

How, then, did the above story arrive upon these pages? There are several different answers here. We can begin with the simplest. Guilhem de Rodes appeared before an inquisitor called Geoffroi d'Ablis on four occasions in 1308. D'Ablis had come to investigate heresy in the Pyrenees on the authority of the Pope. He was allowed to command anyone and everyone to appear before him to answer questions relating to the orthodox faith, and to demand that they confess not only their own actions but also those of others, both living and dead. Having heard their confessions, the inquisitor could impose a penance or punishment, which ranged from wearing yellow crosses to indicate that a witness had been guilty of heretical activities, to being burned alive at the stake.

The investigation that caught up Guilhem de Rodes was initially prompted by Géraud de Rodes, another brother of Guilhem's, who came spontaneously to the inquisitor and named many people for their involvement in Catharism. His confession, Guilhem's confession, and those of at least fifteen others, were recorded in the inquisitorial registers. The witnesses responded to set questions asked by d'Ablis, and supplied some material of their own; their answers were recorded by the inquisitor's scribes, and stored for safe keeping and further use. Some of these registers have survived, so their fourteenth-century speech is still with us. This particular register has been edited and printed by a modern historian. I have used some of the material to bring you the story of Guilhem Déjean.

The questions, however, do not end there. In a later chapter I shall say more about evidence, its uses, and its problems. For now, look back at the story. I hope that it engaged your attention; I chose it because it certainly engaged mine. It grabs us, perhaps, because it is a murder, and we are familiar with the guilty pleasure of sharing horror stories. It is also clearly a 'story' in that it has a beginning, middle, and end, which might make it more 'satisfying'. It may interest and surprise us, if we were not previously aware that medieval people got up to such activities. The people in the story were not kings or princes or saints or famous writers, they were everyday people. We may therefore simply be diverted to discover that we know anything about them at all!

Perhaps the story also interests us because of what is strange about it. It has been suggested (by the writer L. P. Hartley) that 'the past is a foreign country; they do things differently there'. Douglas Adams, the science-fiction author, posits an opposite case: the past is truly a foreign country, they do things just *like* us. Somewhere between these two propositions is the elusive element that attracts us to the past, and prompts us to study history. The story told above speaks to both statements. We understand and relate to sending letters, visiting relatives, journeys from our hometown. We know about fear of persecution and we know about murder, even if we have not experienced them at first hand. If I had translated the participants' names into your vernacular language ('Guilhem' would become 'William' in English) then they might seem even closer to us. The names I have used are from Occitan, the language of that time and period. Here in fact I have cheated slightly; the records are in Latin, so perhaps I should have employed that tongue, which uses the version *Guillelmus*.

But the names are strange to us in a different way. It seems odd to find so many people all called Guilhem; and we do not often use our place of birth to render our surnames ('de Rodes' meaning 'of the place called Rodes'). We know about religion, but we are probably unfamiliar with the concept of heresy, the workings of inquisition, and the belief in two Gods. Do we see this as a bizarre 'superstition'? Or as no stranger an idea than the Son of God descending to Earth, dying on the cross and then being resurrected? 'Heresy' can only exist where there is an 'orthodoxy' to define it: both medieval Catholics and medieval Cathars laid claim to being 'true' Christians. Whatever our current philosophies and religious beliefs, can we lay claim to a real connection with either group?

If we read more of the records, other elements of difference would strike us too. Although Guilhem de Rodes and his brother were clearly able to read and write (they communicated by letter) they are quite unusual in this: most people at that time would not have had as much access to literacy. Indeed, the concept of 'literacy' was rather different in the fourteenth century: if you were described as *litteratus* ('literate') this meant that you could read and write *Latin* and knew how to interpret scripture. Facility in vernacular languages did not count as 'literacy', no matter how useful that ability was. Reading and writing

Occitan (or German, French, English, and so on) would still label you *illiteratus* ('illiterate'). These elements of familiarity and strangeness may prompt further questions.

Guilhem Déjean's murder was not the only event recorded in the inquisition registers. It was obviously not the only event to take place during 1301 in the Pyrenees, in southern France, in Europe, or the world in general. Historians cannot tell *every* story from the past, only some of them. There are gaps in the material that exists (some of the pages of d'Ablis's register are missing) and there are areas for which no evidence survives. But even with the evidence we do have, there are many more things that *could* be said than we have space to discuss. Historians inevitably decide which things can or should be said. So 'history' (the true stories historians tell about the past) is made up only of those things which have caught our attention, that we have decided to repeat for modern ears. As we will see in a later chapter, the grounds on which historians have selected their true stories have changed over the years.

Having picked Déjean's murder as a story we wish to repeat, we also need to decide how it will play a part in a larger picture. It would be unusual for a modern historian simply to present a vignette such as the one above, and to say nothing more. In the late nineteenth and early twentieth centuries some historians did work in this way, collecting and translating interesting pieces of evidence they thought might appeal to a wider readership. Such books are useful treasure troves, and have led to detailed work by other historians. They can be a pleasure to read, infecting readers with their enthusiasm for the past. But for most modern historians, this is not enough. We need to *interpret* the past, not simply present it. Finding a larger context for the story is an attempt to say not just 'what happened' but what it meant.

Into what larger pictures can we fit the story of Déjean's murder? There are several possibilities. Most obviously, the account fits into a wider history of inquisition and heresy. It tells us about people involved with

2. St Dominic combats Cathar heretics (depicted on the right). Books were thrown onto the fire: the heretical works burned, but the orthodox texts rose miraculously into the air. In reality, Dominic was not an inquisitor (although later members of his order were); but burning by fire remained the final punishment for unrepentant heretics. (Pedro Berruguete, late fifteenth century)

the Cathar faith, their actions and beliefs. It tells us of the history of Catharism itself: reading the d'Ablis register, we discover something about how many people were converted by the Autier heretics. We could note that people in the evidence do not talk of 'The Inquisition' but only of 'inquisitors'. This is because 'The Inquisition' did not exist as a formal institution in this period; there were only individual inquisitors (such as Geoffroi d'Ablis) who had particular jobs to do (in his case, to investigate heresy in the Pyrenean villages). 'Inquisition' meant the legal process that d'Ablis and others carried out. It had been established as a method of combating heresy in the early years of the thirteenth century. His register also shows us how the process of inquisition – how it set about investigating and recording heresy – had changed since that time. If we compared Guilhem de Rodes's confession to one made in the 1240s, we would find that Guilhem was encouraged to talk at much greater length and in much more detail than witnesses from the earlier years of inquisition. This was because the threat posed by heresy had changed, and the remit of the inquisitors was changing with it.

Alternatively, we could fit Déjean's murder into a history of crime. There are other accounts of murders in the Middle Ages, some of them quite famous. We could contrast this story with the murder of Thomas Becket in 1170, or the execution of William Wallace in 1304, or the alleged crimes of Richard III of England. Or we could concentrate upon crimes within the lower orders of society, using other kinds of court records to find them, and talk about the preponderance of violence in the Middle Ages, the methods used, the investigations and punishments, and the motives of the criminals. Yet again, the story could play a part in the history of Languedoc. 'Languedoc' means 'the tongue (or language) of Oc', and was the name given to this area of southern France, because its inhabitants used the word 'oc' to mean 'yes', rather than 'oui' which was used in the north. Because of the presence of heresy in Languedoc, the Pope had ordered a crusade against the land in the early thirteenth century. Previously, Languedoc had been almost a separate country, feeling more kinship with Catalonia than with the area around Paris.

This crusade against heresy resulted in the north of France taking political control of the south. It was a long while before Languedoc settled down under its new political masters, and in some ways the south of France still sees itself as very different from the Parisian north. The defence of Catharism (including, perhaps, Déjean's murder) was bound up in the history of French politics.

Finally, we could ignore the narrative of the story, and concentrate on its small details. I mentioned the matter of literacy above; this is a useful nugget for a historian interested in levels of learning amongst the laity. Déjean was attacked on a bridge outside Larnat; reading further records from the register we discover that there was a bridge outside Tarascon too, and other villages also. This tells us something about the geography of the land. Guilhem de Rodes mentions elsewhere in his confession that he once hid the heretics in 'a place under the floor used as a grain store'. Another time the heretics stayed in a hut that Guilhem owned in a field near Tarascon. In this way we can find out things about agriculture and architecture. Elsewhere Guilhem says that he travelled to the village of Ax on business; and that once he was away doing military training with the Count of Foix. We know, then, more about Guilhem's activities, and hence by extension, other people of his social class. Guilhem was often asked to give a date to the events he confessed. He usually referred to a saint's day, saying for example 'it was fifteen days after the feast of St John the Baptist' (some time in June). This gives us a picture of how Guilhem perceived the passage of time, and the importance of saints even to someone with heretical sympathies. If we mined the other inquisition records for further nuggets, we might amass a useful hoard of such information. There is a whole world surrounding Guilhem's confession; a world which he took largely for granted, which is revealed to us in tantalizing shards and fragments.

These are some of the pictures that occur to me as the possible contexts for the story of Déjean's murder. Other readers will think of other things. As we will see further on, historians in other times would have interpreted this story differently. Some would not have thought it important or intriguing at all. These choices are not just to do with chance or cleverness, but with what *interests* us. As historians, we are caught up in our own bundles of interests, morals, ethics, philosophies, ideas on how the world works, and why people do the things they do. The evidence of the records presents us with pictures and puzzles; challenges, in fact. Guilhem de Rodes does not explain every detail of his story. For example, the evidence does not tell us why no-one at the monastery questioned his brother; nor what Guilhem Déjean's motives were exactly (was he devoutly orthodox or hoping to gain the Dominicans' approval?); nor precisely what prompted Guilhem de Area and his accomplices to pitch Déjean into his dark and rocky grave (were they protecting the Autiers, or protecting themselves?) I have ideas about these things, but they are *my* ideas. Later in this book we shall talk more about how historians fill in these blanks, and the art of good guessing.

'Guessing' suggests a degree of uncertainty about the historiographical process. It might even suggest that at times historians get things wrong. They do, of course: historians, like everyone else, can misread, misremember, misinterpret, or misunderstand things. But in a wider sense, historians *always* get things 'wrong'. We do this first because we cannot ever get it *totally* 'right'. Every historical account has gaps, problems, contradictions, areas of uncertainty. We also get it 'wrong' because we cannot always agree with each other; we need to get it 'wrong' in our own ways (although, as we shall see, we sometimes form different groups in how we interpret things). However, whilst getting it wrong, historians always *attempt* to get it 'right'. We try to stick to what we think the evidence actually says, to search out all the available material, to understand fully what is happening, and we never fabricate 'the facts'. Historians sometimes like to define their work against that of literature. An author of fiction can invent people, places, and happenings, whereas a historian is bound by what the evidence will support. This comparison might make history seem somewhat dry and unimaginative. However, as we have seen and will further explore, history also involves imagination, in dealing with that evidence, presenting it, and explaining it. For every historian, what is at stake is what actually happened – and what it might *mean*. There is an excitement to these precarious attempts to grasp the 'truth', a truth that might at any point be revealed as illusory.

These doubts are necessary for 'history' to exist. If the past came without gaps and problems, there would be no task for the historian to complete. And if the evidence that existed always spoke plainly, truthfully, and clearly to us, not only would historians have no work to do, we would have no opportunity to argue with each other. History is above all else an *argument*. It is an argument between different historians; and, perhaps, an argument between the past and the present, an argument between what actually happened, and what is going to happen next. Arguments are important; they create the possibility of changing things.

It is for these reasons that throughout this chapter and this book I have used the term 'true stories' to talk about history. There is a necessary tension here: history is 'true' in that it must agree with the evidence, the facts that it calls upon; or else, it must show why those 'facts' are wrong, and need reworking. At the same time, it is a 'story', in that it is an *interpretation*, placing those 'facts' within a wider context or narrative. Historians tell stories, in the sense that they are out to persuade you (and themselves) of something. Their methods of persuasion depend in part upon the 'truth' – not making things up, not presenting matters as other than they are – but also in creating an interesting, coherent and useful narrative about the past. The past itself is not a narrative. In its entirety, it is as chaotic, uncoordinated, and complex as life. History is about making sense of that mess, finding or creating patterns and meanings and stories from the maelstrom.

We have begun with a series of questions, and I have presented some propositions: that history is a process, an argument, and is composed of true stories about the past. These things we explore more fully in the rest of the book. But one last thing: thinking about history (as we are doing here) presents us with both opportunities and dangers. It allows us to reflect upon our relationship to the past, to look at the kinds of stories we have chosen to tell about the past, the ways in which we have come to those stories, and the *effects* of telling those stories. When the past re-enters the present, it becomes a powerful place. Part of thinking about 'history' is to think about what – or who – history is *for*. To begin this enquiry, we might find it useful to look backwards, to attempt to understand what 'history' has been in the past.

Chapter 2
From the tails of dolphins to the tower of politics

In the sixth century BC, a Babylonian king named Nabonidus conducted a search – perhaps we could say an early archaeological dig – for an ancient temple, an *E-babbar*. He found it, and he wrote about his discovery:

> I read there the inscription of the ancient king Hammurabi, who had built for Shamash, seven hundred years before Burnaburiash, the *E-babbar* on the ancient *temenos* and I understood its meaning. I adored with trembling . . .

The king Burnaburiash had lived in the fourteenth century BC, and the temple of the god Shamash found by Nabonidus was, in turn, seven hundred years older; that is, the temple was two millennia older than Nabonidus. Such incredible gaps of time start to make Nabonidus seem somewhat closer to ourselves. If we see his discovery and writing as the beginning of our story, as the first bit of 'history' that we know about, the sense of closeness might be strengthened by his role as an 'origin' in the narrative of this chapter. Such a sense of connection is useful, but can cause us problems: Nabonidus was interested in finding the *E-babbar* because of the connection it allowed him with his own royal tradition, and the power and authority implied by that connection. How he understood his discovery, and his motives for recording it, are not necessarily the same as our own interest in history.

Can we look back in this way to the beginning of 'history' as an activity? The question is complex, and in asking it we are, of course, engaged in our own, contemporary, historical enquiry. We can look back to 'historicize' history itself; that is, to see what its roots are, where it comes from, how it has changed, and what it has been used for in different times and places. Our focus, here in this brief account, has to be upon the present: to use past historiography as a comparison to what we do now, and as a reminder that if history, as a subject, has changed over time, it may yet change again. Consequently, there will be large gaps in the story that follows. However, part of what I wish to show is that *all* history in some ways wishes to say something about its own present time.

Let us move forward a century to the first Greek historian. Herodotus (484–425 BC) wrote about the historical causes of the conflicts between the Greeks and the Persians, a topic that Homer had previously dealt with in his poetry. Herodotus begins his histories by discussing the older stories of why the two peoples came to blows. He recounts the Persian version of events: that Phoenicians had kidnapped Io, daughter of the Greek king; that the Greeks had kidnapped Europa, daughter of the Phoenician king, and then Medea, another royal daughter; and that Paris, son of a Phoenician ruler called Priam, was inspired by these stories to kidnap Helen, to make her his wife. In Phoenician eyes, none of this was terribly important: kidnapping women was bad, but not the sort of thing to get very upset about, 'for it is obvious that no young woman allows herself to be abducted if she does not wish to be'. The Greeks, however, over-reacted: they raised a great army to rescue Helen of Troy, and destroyed the empire of Priam. All this was caused by the tit-for-tat abduction of women. The Phoenician historians, however, say that even this account is untrue: Io (the first woman mentioned) was not taken by force, but had become pregnant by the captain of a Phoenician ship, and had chosen to go back with him rather than shame her parents.

Herodotus writes:

> So much for what Persians and Phoenicians say; and I have no intention of passing judgement on its truth or falsity. I prefer to rely on my own knowledge, and to point out who it was in actual fact that first injured the Greeks; then I will proceed with my history, telling the story as I go along of small cities no less than great. Most of those which were great once are small today; and those which in my own lifetime have grown to greatness, were small enough in the old days. It makes no odds whether the cities I shall write of are big or little – for in this world nobody remains prosperous for long.

In rejecting the Persian legends, Herodotus chooses to rely upon 'the facts' rather than spurious beliefs. Later in his book, he uses an account from oral history to show that Helen and Paris never actually reached Troy, but were detained in Egypt; and analyses a few passages from Homer to argue that the great poet actually knew about this, but chose to follow a different, fictional, story. Whether or not we believe Herodotus' new account of Helen's history, his attempt to use evidence to distinguish a fictional story from a true, historical account makes him look much like a twentieth-century historian. The fact that his *Histories* are not linked simply to his personal circumstances (like Nabonidus and the *E-babbar*) but address a wider audience and have a wider purpose (to record and explain the past) also suggest that Herodotus is the founder of history as we know it today. Indeed, he is sometimes labelled the 'Father of History'.

But again we must be careful here. Although parts of Herodotus may seem familiar and 'modern', other parts do not. Much of the history he tells concerns tales we would find unbelievable: of Arion who rode on the tail of a dolphin; of Adrastus who accidentally killed first his father, was given shelter by the ruler Croesus, and then accidentally killed Croesus' son too; and of the Delphic oracle, whose predictions punctuate the story, and always come true. These stories, and others, are mixed up with what we would recognize as a more 'factual' political history of how the Greeks and Persians went to war. Herodotus is always happy to diverge from his account of political events to tell us about the local customs of a people, the weird and wonderful animals in different areas, and any fabulous story that had caught his interest. Herodotus is therefore also known as the 'Father of Lies'. But Herodotus himself would not have seen any difference between these elements: indeed, he often takes pains to state that what he is saying can be believed because of the witnesses who confirm it.

There are other reasons to see Herodotus as different from us. For one thing, it is unlikely that Herodotus saw his writing of a 'history' as being essentially different from other kinds of writing. The Greek word which has become 'history' originally meant 'to inquire', and more specifically indicated a person who was able to choose wisely between conflicting accounts. Applying this to writing about the past, it largely meant that the work was neither poetic nor philosophical; and hence, for the Greeks, rather less important. It is not at all clear that it occupied a particular genre called 'History'; it is more likely that it was seen as one part of a larger body of 'non-philosophical' writing. Also, although Herodotus' reason for writing is more like our own than that of Nabonidus, it is still somewhat different. Herodotus uses the past to provide illustrations of situations and characters for use in his present time. He does this because he sees time as circular: history revolving around and around, with the same themes and problems arising again and again. The events that take place in his *Histories* are often caused by flaws in character, but behind these flaws lies the circular wheel of fate, which (as he says above) raises up and pulls down cities and people in equal measure. For example, he tells of Croesus who, despite being warned in a dream, could not prevent the death of his son (the one accidentally killed by Adrastus); and who went on to lose his entire empire, all through hubris (the pride in one's achievements that provokes the ire of the gods). Some twentieth-century historians may

3. Augustine's Six Ages of Man (and therefore history) are represented here in a circle, reminiscent of the wheel of fate depicted in Fig. 4. The seventh age yet to come would be the apocalypse.

believe that certain themes recur in history; but none I think believes that the wheel of fate governs causality.

This concept of time arguably changed when Christianity produced its first historians. Christian belief did not depend upon the wheel of fate; instead it saw the world moving inexorably between two fixed points, the Creation and the Apocalypse. Drawing on the Old Testament, early Christian historians also posited Seven Ages of mankind. By the time they were writing, the first five ages had already gone, and humanity had entered the sixth age, the period from the birth of Christ to his

4. Wheel of Fortune, by William de Brailes (1235)

Second Coming. All that lay ahead was the seventh age, the period of the Apocalypse and the end of history. This framework suggested a rather different idea about what history might mean, and how one should approach it.

However, one should not draw too sharp a divide between the classical period and the early Christian era: the image of the wheel of fate did in fact continue within Christian culture, and the concept of the Seven Ages did not dictate all that was written within Christian history. What did effect a change in historiography, however, was a new and pressing *purpose* to history. Eusebius's *Ecclesiastical History* (written c.325 AD) aims to persuade Christian and pagan audiences that Christianity was more ancient, more rational, more moral, and more valid than pagan religion. The early Christians wrote history as a *polemical* account of the past. They did this because they were, in those first few centuries, a beleaguered people who had to defend a faith that was being persecuted by the Roman authorities. Providing a history for their faith (and against other faiths) was an attempt to gain authority. Augustine of Hippo, in the *City of God* (written c.426), tried to conjoin the historical struggles of his church with the eternal battle between spirituality and wickedness. This was a mixture of theology and history on a grand scale, but was too long and too complex to have much immediate influence. However, Augustine's pupil Orosius wrote a simplified and more polemical version, *History against the pagans*, which was much more popular.

Eusebius and Orosius set about creating authoritative histories by copying out original documents that aided their case, by insisting on the historical accuracy of Scripture, and by linking the history of their church to the great linear narrative of time. They were aided in the purpose of their task by another element in historiography which had preceded them: the idea of *rhetoric*. The Roman writers Sallust and Cicero had argued that there were rules and codes to follow in writing of all kinds, and specific ones for writing history. The 'rhetor' (or narrator)

5. The Bayeux Tapestry represents the Norman Conquest of England – and can therefore remind us that writing is not the only method for recording history.

of history should tell the truth impartially, even if that offended other people; should arrange things chronologically and geographically; should tell what 'great deeds' were done, paying attention to their causes, including character and chance; and should 'write serenely in an easy flowing style'. The point of the rules was that the history thus written should be persuasive, and well received. This rhetorical element – produced by the Romans, developed by the Christians – had a long historiographical legacy.

In 1067 an anonymous author finished writing *The Life of Edward the Confessor*. He dedicated his work to his patron Queen Edith, wife of the English monarch. His purpose in writing was to praise the Queen's family, and thus Edith herself. He was, however, hampered in his task by the fact that Edward's reign ended in disaster, with Edith's brothers Harold and Tostig quarrelling tragically. His solution was twofold: first, book two of the *Life* deals with Edward's religious life, and suggests that Edward led the path towards salvation in the next world (which more than made up for any problems in this one). Secondly, by effectively blaming familial strife for all the troubles that befell the kingdom, the author uses a form of inverted praise – how important that family must have been, that its own problems led to so many other disasters! What the *Life* does not mention, however, is the Norman Conquest of England in 1066.

The great medievalist Richard Southern remarked, 'a historian who could write about the disasters of 1066 without mentioning the Norman Conquest is evidently not a historian in any very pedestrian sense of the word'. Indeed not! And the writer of the *Life* (as Southern points out) would have felt no criticism from this statement. Although he did not mention the Conquest, because he did not want to belittle in any way the place of Edward's dynasty, he nonetheless conformed to the rhetorical rules of history. His use of rhetoric to play with the 'facts' was not a trick or sham, but a legitimate part of a historiographical *method*. Modern historians who look back to medieval writers are often concerned with how much they can trust them (the question of sources and trust being something we shall discuss in a later chapter). But the writer of the *Life* would have thought this an impertinent question: within his own lights, he was telling the truth. What could be more trustworthy than following the accepted rhetorical rules of history, so that the history written actually did the job it was supposed to do?

In fact, the *Life* appears to us rather more trustworthy than many histories written around the end of the first millennium. Some historians were influenced not only by the idea of rhetoric, but by the detailed models of classical texts. Richer (died c.998), a monk at Rheims, wrote a history of Gaul. His material source was an earlier historian called Flodoard, whose works were at hand in Richer's monastery. His method was to rewrite Flodoard in a more 'classical' style, aiming at the easy rhetorical flow recommended by Cicero and Sallust. The facts – as Flodoard had presented them – were left to fend for themselves as best they could. When a 'pleasing' classical allusion presented itself, Richer allowed it to trample over the rather boring account of reality. The early Capetian kings were presented as Roman Caesars, imperial lawmakers dressed in togas (the reality would have been sweatier, and less well dressed). Richer would not, however, have recognized any problem in allowing style to overwhelm content. That was the point: he (like many other historians) was telling stories to entertain.

As the Middle Ages continued, rhetoric stayed present in historiography, but other elements began to emerge. The accepted tools of the medieval historian's trade were the classical models of composition and rhetoric, and the materials on past events provided by verbal accounts, annals, and other chronicles. Writing history was often simply a matter of stitching together those accepted elements of the past that served one's purpose. However, things began to change. William of Malmesbury (1095–1143), librarian of the abbey of Malmesbury, wrote a number of works of history. The apparent modernity of his working methods might speak to us. He searched out sources and documents (citing them carefully as an historian should) and talked to people to investigate recent events. And he was critical and suspicious – the two modern 'virtues' of historians. 'That I may not seem to balk the expectation of my readers by vain imaginations', William writes, 'leaving all doubtful matter, I shall proceed to the relation of substantial truths'.

William's aim was objectivity and an unbiased account. Two things thwarted this: although critical of his sources, he still had to follow them and thus often unwittingly incorporates their biases. And William wanted to do more than relate what happened; he wanted to explain it too. This involved guessing (the art of good guessing being the third virtue of the modern historian) which in turn necessitated a theory of human nature. William believed that human beings usually acted out of self-interest. He does not condemn them for doing so, but he frequently relies upon this as a causative explanation of events. Again, this is familiar to the modern historian (we trust no one!). But this use of suspicion does not equal objectivity, and William's account of human nature is rather different from our own. Although he judged human nature harshly, he frequently depicts his subjects brought low by fate despite their schemes, and redeeming themselves on their deathbeds, as good Christians should. Part of the account of his histories – what he thought they *meant* – is that God is the ultimate influence on, and cause of, human events.

The twelfth and thirteenth centuries saw then a move away from the strictures of classical models of historiography. A burgeoning group of literate men, both secular and religious, began to produce histories. The topics of historiography gradually broadened to include 'national' and 'World' histories (such as the entertaining and prejudiced works of Matthew Paris), and chivalric histories (such as the fifteenth-century Jean Froissart's *Chronicles*). History was still written for a particular purpose (to flatter a patron, to honour a city, to praise a monarch) but the purposes were becoming broader and more varied. The styles and methods varied too: Froissart wrote to entertain and flatter his aristocratic audience, and thus looks quite fictional. Galbert of Bruges, writing about the murder of the count of Flanders, was trying to understand the import of what had happened for his country; consequently his writing is extremely careful and exact.

Let us look now to the fourteenth century:

> I, Giovanni [Villani], citizen of Florence . . . hold it meet to recount and make memorial of the root and origins of so famous a city, and of its adverse and happy changes and of past happenings . . . to give example to those who shall come after, of changes, and things come to pass, and their reasons and causes; to the end that they may exercise themselves in practising virtue, and shunning vices, and enduring adversities with a strong soul, to the good and stability of our republic.

Italy – Florence in particular – was beginning to fall in love once more with ancient Greece and Rome. The classical tradition had never really gone away, but from the late fourteenth century onwards Italy persuaded itself that it had rediscovered and renewed the glory of ancient wisdom in a way that early centuries never managed. This affected historiography in a number of ways. First, as Villani's introduction to his chronicle of Florence shows, the idea of learning philosophical lessons from the past was once more in favour. Reading later Italian chronicles, we also find that other elements of classical thought had returned: fate governs events, and has a tendency to bring low the rich and famous; history is a storehouse of examples for the politician and ruler; Ciceronian rhetoric is the essential style for the historian. There was a rapid growth in the production of histories, as each city wanted its own account of its link to the ancient past.

We are talking here, of course, about the Renaissance. This was not the term used by those writers for their own time; but they were convinced that their 'modern time' was essentially different from what had gone before, because of its link to antiquity. Historians set out to show that Florence was the direct descendant of Ancient Rome, and that Italian citizens were the true inheritors of classical thought. This new motive for writing history brought with it – almost by accident – a seismic shift in the idea of the past. No longer did historians look upon their present time as the penultimate stage in the Seven Ages of Man. Now they (and we) talked about three periods: Ancient, Medieval, and Modern. Medieval – the 'Dark Ages' – was the poor relation. Although medieval histories were copied and then published in the fifteenth and sixteenth centuries, for the information they rendered about the ancient past, the general feeling was that nothing very much of import had happened between the fourth and fourteenth centuries.

The renewal of ancient learning affected many more areas than history. In fact, historiography was perhaps becoming once more a subset of philosophy and poetry. As we pass through the sixteenth century, rhetoric gains position as the dominant muse. Style once more conquered content. History should not only be written beautifully, but should also deal with only those things and people suited to its 'dignity'. Historians were not interested in 'everyday life' any more than great artists would contemplate painting peasant women.

Rhetoric also invited particular set pieces (rather like the semi-formalized *incandenza* in Baroque music). Ruthlessly following classical models, historians portrayed the 'character' of great men, imaginative and hyperbolic battle scenes, and most importantly, great speeches. Particularly upon entering battle, historical figures in the Renaissance find themselves discoursing at great length and with rhetorical vigour in a manner similar to Shakespeare's heroes. A historian has one commander begin:

> My loyal soldiers and good friends, now is the time for you to wipe out all stain of infamy, if you incurred any in that calamitous defeat of

22728 - VENEZIA - Monumento a Colleoni - Verrocchio - Ripr. int. Anderson Roma

6. This depiction of Bartolomeo Colleoni, an Italian mercenary captain, displays the Renaissance love of the heroic pose. (Andrea del Verrocchio, 1496)

> Varna. Now is the time for you to recover your reputation for loyalty and valour, and to avenge yourselves for so many wrongs and injuries received at the hands of these cursed Turks and unbelieving Mohammedans.

And he continues thus for some time, invoking tyranny, freedom, wives, children, homeland, God, and so on. Presumably the Turks were either waiting patiently for this lengthy speech to finish before starting the battle, or were enjoying a set-piece speech of their own.

After the divisions within Christianity caused by the sixteenth-century Reformation, rhetoric became allied once more to religious polemic. Protestant historians used history to claim first that their religion had much older precedents than Luther (including, as it happened, medieval heretics), and secondly that the Roman Catholic Church had been corrupt for a very long time. Catholic historians pushed back in the other direction. In certain areas, this historiographical fight has never really gone away. But 'history' was clearly being used in the service of its practitioners.

Again, for such historians, this was the whole point. But criticisms did start to emerge during their own time. If history was becoming fictional, or biased, was there any point to it hanging on to tedious things like the 'facts'? And if the point was philosophical – a 'higher' truth than what actually happened – was not poetry already doing that kind of thing rather better? These suspicions began to be directed against the ancient historians and all kinds of history, as well as against early modern polemicists. Sir Philip Sidney (1554–1586) wrote sarcastically of, 'The Historian . . . loden with old Mouse-eaten records, authorising himself . . . upon the histories, whose greatest authorities are built upon the notable foundation of Heare-say'. History was in something of a crisis.

The response came in the form of a series of defences of history. Let us

7. Jean Bodin, author of the *Method for the Easy Comprehension of History*

pick one: Jean Bodin's *Method for the Easy Comprehension of History* (1566).

> Although history has many eulogists . . . yet among them no one has commended her more truthfully and appropriately than the man who called her the 'master of life'.

These were fighting words! Over a lengthy, detailed, and ruthlessly methodological book, Bodin argued that history was essential for educating society about the correct conduct of warfare, affairs of the state, and government. The idea was not new – remember Herodotus – but the theoretical application was terrifyingly thorough. The *Method* includes a discussion of the relationships between divine, natural, and human history; a method for deciding what to read, based upon the principle that one should move from the universal to the particular; a comprehensive list of historians, arranged by topic, ranging from the Old Testament to recent writers (although including suspiciously few medieval works); and most importantly a chapter setting out how the *reader* of history should be suspicious of past historians, their purposes, methods, and biases.

Bodin, having the virtue of a suspicious mind, appears very 'modern'. But there are differences too: large parts of the *Method* are concerned with discerning essential geographical characteristics of different peoples, based upon history, astrology, humoral theory, and numerology. The 'Truth' Bodin's method aimed at was essentially that of understanding God's divine plan, read through the lens of late-Renaissance 'scientific' learning; much of which now strikes us as bizarre. But for all that, Bodin placed 'Truth' back on the agenda.

So by the end of the sixteenth century, history aimed once again at being a 'true story' of the past. It is important to remember that in each age, there have been other ways in which people have approached the past: in paintings, in music, through objects, in poetry, and literature.

8. Double bust of Herodotus and Thucydides, the ancient Greek historians, the former interested in stories and people, the latter in politics and the state.

Part of the story of this chapter is to show where some of the constituent parts of writing history came from. But part also has been to show that 'history' has always meant different things to different people.

This chapter should not be read as a story of 'progress', about people getting better and more clever at writing about the past. To do so would miss the point. All of these historians were attempting the best understanding of the past they thought possible. We might – from *our* current position – see some of these attempts as more accurate than others. But that is to follow *our* idea of what is 'true'. Past people had different ideas about truth, and what the point was in writing a true story about previous times.

Part of this comes from each author's particular *purpose* in writing history. It has been suggested that writing history is a natural and necessary activity: that history is to society what memory is to the individual. History certainly is very powerful; but if we look back at Nabonidus, or Eusebius, or Galbert of Bruges, or Giovanni Villani, we see people writing about the past because of the specific circumstances and needs of their own time. Richard Southern has suggested that the reason there were particular outpourings of historiography around the turn of the eleventh and seventeenth centuries was because those periods were experiencing particular turmoil and unrest. History served a purpose here: it gave people an identity. In this sense, it is like memory. But *whose* memories? And *which* things to remember?

All of the historians in this chapter tended to choose to remember things in one sort of area: great men, the church, government, politics. In part, this pattern was set by the Greeks: not by Herodotus, who was interested in more varied subjects, but by his successor Thucydides (c.460–400 BC), who wrote a *History of the Peloponnesian War*. Thucydides concentrated on recent events only, where he could avoid the more tricky written sources of the past and rely upon eyewitness testimony and his own experience of the war. He implicitly criticized Herodotus, glossing a correction to the earlier historian's account with the words, 'most people, in fact, will not take trouble in finding out the truth, but are much more inclined to accept the first story they hear'. He baldly stated that history was about politics and the state, and nothing else. Arnaldo Momigliano (a modern author) remarked that having shut himself up in this tower of political history, Thucydides wanted to confine all of us there too. How we escaped from that tower is dealt with in the next chapter.

Chapter 3
'How it really was': truth, archives, and the love of old things

In 1885, at the age of ninety, Leopold von Ranke sat in his rooms in Berlin, composing his last historical works. He could no longer read, his memory was failing him, and he found it difficult to write. Dictating his words to one of his devoted assistants, he set down a brief account of his life as a historian. He talked of how as a young man he had become interested in history: his university lecturers, his readings in philosophy, and his enjoyment of the historical novels of Sir Walter Scott. On the last topic, he said:

> I read these works with lively interest; but I also took objection to them. Among other things, I was offended by the way in which Charles the Bold and Louis XI were treated, which seemed . . . to be completely contradictory to the historical evidence. I studied . . . the contemporary reports . . . and became convinced that a Charles the Bold or a Louis XI as they were pictured by Scott had never existed. . . . The comparison convinced me that the historical sources themselves were more beautiful and in any case more interesting than romantic fiction. I turned away completely from fiction and resolved to avoid any invention and imagination in my work and to keep strictly to the facts.

Ranke is frequently presented as the father of modern historiography. At the heart of this imagined patrimony is his appeal to 'the evidence', his demand that historians could and should produce a 'scientific' and

9. Leopold von Ranke as aged scholar and patriarch

'objective' history if they returned diligently to the documentary archives. His philosophy of history is encapsulated in a much-quoted phrase: 'only to say, how it really was'.

In this chapter, we will use Ranke as our destination, as well as our starting point. There are good reasons (as we will see) for questioning Ranke's claim to fatherhood. There are good reasons (as I will argue) for perhaps wanting to escape from some of the parental influence he still enjoys. But Ranke – an old man, remembering and re-imagining his glorious life as a ruthless adherence to evidential truth – forms a useful terminus. His belief in an 'objective' history makes him seem undeniably 'modern' in contrast to the writers we met in the last chapter. For the purposes of this short account, we will use Ranke as the beginning of modern historiography, and rely on later thematic chapters to elucidate historical thought *after* Ranke.

This chapter, then, will narrate some developments in historiography between the sixteenth and twentieth centuries. It is a complex story. We will meet a number of scholars who would probably not have identified themselves as 'historians', but who nevertheless contributed particular elements to what we now call 'history'. So, to simplify our task, let us take some particular themes as cairns to guide our route: the question of truth; the question of how to use historical documents; and the question of the 'difference' of the past to the present. We can explore each of these themes in greater depth in later chapters. For now, they will mark our path.

At the end of the last chapter, 'history' was under siege in the sixteenth century by sceptics ('Pyrrhonists') who saw it as inaccurate and useless. The 'history' they decried was for the most part a *rhetorical* history, guided by the classical principles of literary composition, and driven by the twin desires to provide a finely wrought narrative, and to present exemplary 'lessons' from past political events. Jean Bodin's defence of history was a philosophical and theological one. But there were other champions of history, who took a rather different route, and whose methods and aims in many ways presaged Ranke's desire for documentary accuracy.

What initially drove forward the defence of 'truth' in history was (as in the early Christian era) religious conflict. It might seem curious that the most all-embracing bias – faith – has been responsible for developing tools designed to produce objective truths. But, when looking at the sixteenth and seventeenth centuries, we are observing cultures that saw factual 'truth' and religious 'Truth' bound together in an inescapable continuum. At stake was not only the truth about the past, but the truth of God.

Both Protestants and Catholics turned to history to support their opposing claims to authority. On the Protestant side, history was used as a particularly partisan weapon, either to claim a longer existence for their creed, or else to vilify the Roman church. Catholicism, which had a more secure past, approached history in a more constructive fashion, attempting to bolster the faith further by returning to its own past for proof of its legitimacy. On both sides, writers turned to documents as a source of proof. For example, the Protestant scholar Flacius Illyricus gathered a team of workers in the mid-sixteenth century. They copied and collated medieval documents as evidence for a long history of Roman Catholic 'corruption', and to claim the existence of 'protestants' before Luther (including, as it happened, the medieval heretics we met in Chapter 1). On the Catholic side, in the mid-seventeenth century, groups of church scholars known as the Bollandists and Maurists compiled ecclesiastical histories and martyrologies, such as the monumental *Acta Sanctorum* ('Lives of the Saints'). These scholars, and others like them, made use of documentary evidence on a grand scale. Their methods were, however, relatively unsophisticated: the point was to assemble a mountain of evidence that would serve as a bulwark against their enemies.

Rather more sophisticated was the analysis of documents carried out by antiquarians. The term 'antiquarian' tends to carry negative connotations nowadays, of someone with a naive or unsophisticated obsession with the past. This adverse view was sometimes also held in earlier times. In 1628, one John Earle (tongue perhaps in cheek) characterized the antiquary as 'one that hath that unnaturall disease to bee enamour'd of old age, and wrinckles, and loves all things (as Dutchmen doe cheese) the better for being mouldy and worme-eatern.' Antiquarians loved the past. There is an important distinction here between 'antiquarian' and 'historian'. We should not imagine these terms to describe discrete groups of scholars; in fact, these people wrote to each other and saw themselves as engaged in common practices. Nonetheless, to generalize broadly, 'historians' wrote

10. '. . . mouldy and worme-eatern' – Ole Worm's antiquarian cabinet of curiosities (1655)

expansive and entertaining histories, inspired by the Ciceronian model of a grand and educational tale. Antiquarians, in contrast, collected together everything they could lay their hands on connected with whichever period in the past had taken their fancy. They had less a grand tale to tell, than a great love to express.

But it was antiquarians, specializing in a number of different areas, who developed the tools for dealing with the past via its documentary and material remains. Here our second theme comes into play: the use of documents. The initial inspiration for change was once again religion. In 1439, Lorenzo Valla (1406–1457) produced what was perhaps the most famous piece of documentary analysis on perhaps the most famous document in the fifteen-hundred years after Christ. The document was the 'Donation of Constantine', which purported to record the gifts and rights bestowed upon the Christian church in the fourth century by the Roman emperor of that name. The 'Donation' had been the most potent weapon in the Church's armoury throughout the Middle Ages. Valla proved it was a forgery.

Now others had raised doubts about the 'Donation' since at least the twelfth century. But Valla (motivated, it should be noted, by a sincere desire to *hurt* the Papacy) framed his critique in a new way. He concentrated on the *language* of the document. Analysing the style of Latin it employed, and the details it provided, he concluded, with declamatory flourishes, that it was a medieval fake:

> Let us talk to this sycophant [i.e. the forger] about barbarisms of speech; for by the stupidity of his language his monstrous impudence is made clear, and his lie!

Valla was a 'philologist', a scholar of language, and he had noted that the Latin of the 'Donation' was not at all like the 'classical' Latin of the fourth century, from whence it purported to date. Valla describes the Latin of the document as 'barbarous' because, like most Renaissance scholars, he saw everything between late antiquity and his own time as a decline in learning and elegance. Valla was driven therefore by two prejudices: religion and linguistic purity. But this application of philology to historical documents provided two new thoughts on how to address the past. First, one might criticize a document from its internal characteristics, and thus develop some criteria as to what constituted 'truth' in the historical record. Secondly, language (and, therefore, culture) *altered* from historical period to historical period; that what had changed over the course of time was not just the fortunes of the ruling elite, but the ways in which people talked and lived.

This had implications beyond an attack on the Roman church, and relates to our third theme, of how the past differs from the present. Valla saw language as supremely important in shaping society. He understood the Roman 'Empire' to be everywhere and anywhere that Latin was spoken, because the fundamental elements of what made the Romans special were intertwined with the language that they spoke, and the way in which they understood the world. Valla therefore not only placed a milestone on the path to serious documentary analysis; he also reintroduced the study of language and culture into history. The idea that history included more than political 'events' was the first escape from Thucydides' tower of political history.

These ideas and their implications were not full-born with Valla, and did not lead to any immediate revolution in the practice of history. Valla was not a 'historian', and neither were those who developed these themes. They were, instead, philologists studying changes in Latin, scholars attempting to refine Roman law, numismatists who used ancient coins to reconstruct new pictures of antiquity, and chorographers who tried to gather together every detail relating to the past history of a particular geographical area. John Dee (1527–1608) defined chorography as the practice of describing a 'territory or parcell of ground' wherein 'it leaveth out . . . no notable, or odde thing, above the ground visible. Yea and sometimes, of thinges under ground,

11. The antiquarian William Camden

geveth some peculier marke or warning, as of Mettall mines, Cole pittes, Stone quarries etc'. Not perhaps the clearest exposition, but then, in addition to practising chorography, Dee was both a magus of black magic and believed to be involved in Queen Elizabeth I's secret service. We should not be surprised if he tended towards the arcane.

These antiquarian pursuits became increasingly popular across Europe in the late sixteenth and seventeenth centuries as philologists, numismatists, and chorographers grouped together to share their enthusiasms for the 'mouldy and worme-eatern'. Even in the nineteenth century, amateur scholars looked back to these antiquarians and claimed them as their forefathers. Many of the edited documents that historians now use are the product of these Victorian groups: for example, the *Camden Society*, the *Cambridge Antiquarian Society*, and the *Dugdale Society*. The *Camden Society* is named after the most famous English antiquarian, William Camden (1551–1623). His massive work the *Britannia*, written at the end of the sixteenth century, aimed to reconstruct every known detail about Roman Britain from surviving evidence. Camden's aims, and those of his imitators, were not influenced by the Ciceronian model of rhetorical history. He was trying to piece together a picture, not tell a story. But Camden's dedication to historical *evidence*, both written and physical, was later to be incorporated into historiography so thoroughly that modern historians tend to forget to whom they owe this debt.

Antiquarians gave us the tools to investigate documentary evidence. The 'Pyrrhonist' challenge to history had pointed to inaccuracies in historical accounts, and had argued that one should therefore abandon all faith in such documents. The antiquarian response – particularly as it was slowly adopted by historians themselves – provided methods for criticizing the accuracy of past accounts; but it also suggested that careful analysis could allow the scholar of past times to winnow out the truth from the nonsense. François Baudouin (1520–1573) was one scholar attempting to understand how Roman law (and hence systems

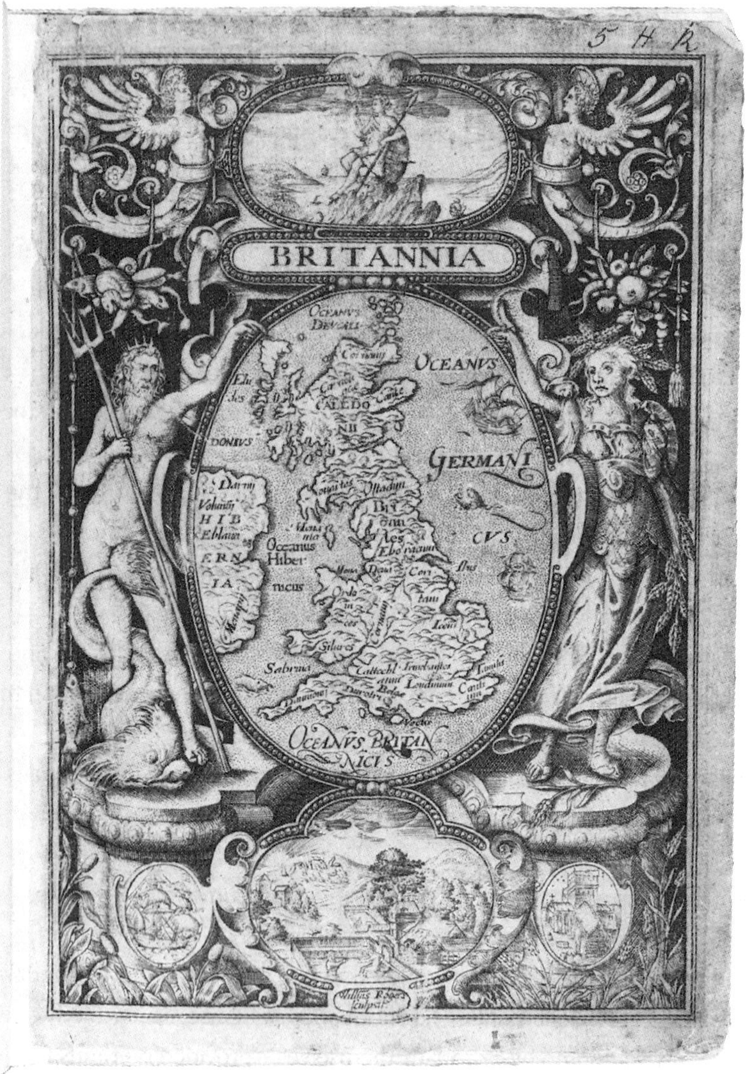

12. Map of Britain, from Camden's *Britannia* (1607 edition)

of government) had changed from the past to his present. He saw the possibility of joining historical studies with jurisprudence, to try to 'purge history of fable'. A historian, Baudouin suggested, should be like a *lawyer*: balancing conflicting accounts, trying to establish the exact sequence of events, treating 'witnesses' (documents) with dispassionate and objective suspicion. This may sound strangely familiar; at school, I was certainly taught (perhaps because it sounded exciting) that a historian is like a detective investigating a crime. Lawyers were the 'detectives' of Baudouin's age.

We should not be completely persuaded by this assertion of 'objectivity'. Some historians were impelled by the wars of religion, such as Jacques-Auguste de Thou (1553–1617), whose writings in the early seventeenth century were an attempt (albeit unsuccessful) to provide an 'honest' account of the history of Europe which would soothe religious conflict and lead to stability in France. Others, such as Jean du Tillet (died 1570), were driven to archival research out of a nationalistic desire to establish, historically and philologically, the German ancestry of the French (Germany then being admired as the most ancient nation). So these men had motives; but they did produce new methods and tools, which we have inherited. They worked in the archives with original sources. They saw a distinction between later accounts of events, and 'eyewitness' evidence. They recognized that all historical ages were not the same, that the different ways in which people had expressed their understanding of the world around them could be approached through analysing the language they had used; and they attempted to correct mistakes and to get it 'right'. De Thou, for example, wrote to scholars across Europe showing them drafts of his work, in the hope that they might point out inaccuracies, fill in missing details, and provide proof of the truth or falsity of certain matters. History up to the Renaissance had been something that one composed. History after the Renaissance, informed by methods for work and investigation, was increasingly something that one *did*.

The changes sketched out here might suggest that whereas the historians mentioned in Chapter 2 were creating 'true *stories*', the historians in this chapter aimed at '*true* stories'. It was the period from Valla to Baudouin that developed methods and principles for the use of sources, and tried to establish that the 'truth' of history could be proved through evidence. One effect of these changes was to develop a more nuanced understanding of how the past might differ from the present. However, we must note that the emphasis on 'truth' was not universally sustained after the antiquarian enterprises of the sixteenth and seventeenth centuries. But perhaps we would better understand the complex and interweaving strands of our current tale if we thought of historians constantly wavering back and forth between those two poles of 'truth' and 'storytelling'.

As we enter the eighteenth century, the century commonly associated with what is often called 'the Enlightenment', the 'true stories' of history were being linked to questions of philosophy. This new purpose for history affected the historian's view of past times and historical documents. Voltaire (1694–1778) commented:

> Woe to details! Posterity neglects them all; they are a kind of vermin that undermines large works.

Voltaire's apparent rejection of historical detail might lead us to suspect that Enlightenment scholars had returned to a Pyrrhonist rejection of history. Such a view of the Enlightenment did indeed gain currency in the nineteenth century, when historians of that time were trying to define themselves against their predecessors. But in fact what we have in the eighteenth century is a rather different impetus, the desire to make history *relevant* to the themes that concerned Enlightenment thinkers: Reason, Nature, and Man. Writers such as Voltaire, Hume, Vico, and Condorcet were using a study of the past to address 'big' questions about the nature of human existence and the workings of the world around them. Their interests allowed a second escape from

13. Voltaire, historian, man of letters, philosopher, playwright, and quintessential Enlightenment scholar

Thucydides' tower. Just as in the natural sciences new phenomena were coming under the view of the scientist, so too for the philosophic historian it was insufficient simply to deal with an accumulation of facts and political events. The world – both present and past – was above all else *complex*. Enlightenment historians were interested not simply in the decisions made by ruling elites, but by geography, the climate, economics, the composition of society, the characteristics of different peoples. If scientists could point to the fabulous interconnections of the natural world, historians should try to understand the past in a similarly intricate fashion.

It is very difficult to talk about 'one' view of history during the Enlightenment: as in every other intellectual area, the eighteenth century was characterized not so much by a single mode of thought as by its heterogeneity and love of arguments. (Lionel Gossman has helpfully suggested that when talking about 'the Enlightenment', we imagine it to be a 'language' or common mode of speech, rather than any set of generally assumed principles.) Nonetheless, we can perhaps pick out some main themes as they relate to changes in historiography and the understanding of the past.

First, the past itself: there was a lot more of it. Developments in botany and geology had led various thinkers to the conclusion that the world was much older than the Old Testament would admit. If the biblical account of the Six Days of creation were 'true', it could not be literal but symbolic. This expansion of time itself – although highly contentious – inevitably challenged past assumptions. The role of God in history had to be redetermined. For some writers, He was simply to be dispensed with. For others, His role was imagined as that of 'Divine Providence': the ineffable and perfecting plan that subtly directed the course of human history, and acted as its final cause. 'Providence' did not appeal to all historians, and could lead to some curious assumptions. German historians in the mid-eighteenth century pointed out that a belief in 'Providence' tended to lead some writers (such as the not very talented, but very widely read Johann Hübner) to accepting *any* historical tale that would seem to indicate God's presence. Hübner, for example, included in his history of Mainz the story of the 'Mouse Tower'. In this tale, Hatto, the archbishop of Mainz, had a number of beggars burned alive, and exclaimed 'Listen! Listen to my mice squeal!'. He was subsequently harassed by hordes of aggressive mice, and despite taking refuge in a tower in the middle of the Rhine, was eventually eaten by his pursuers. Hübner argued for the factual veracity of this account on the grounds that there was indeed a 'Mouse Tower' in the middle of the Rhine, the story was very old and well known, it was as valid as any biblical story about plagues of frogs or locusts, and a similar event had occurred (he claimed) in Poland in 823!

Fortunately, not all historians found this methodology of truth entirely acceptable.

But if 'Providence' was to be abandoned, historians still needed a theory of causation. Two competing models presented themselves: chance and Great Men. The former theory played philosophical games with the idea that no great event is planned or intended. Voltaire, in his *Dialogue between a Brahmin and a Jesuit*, traces the cause of Henry IV's assassination to the Brahmin having set off on a walk with his right foot instead of his left. For those who followed the 'Great Men' theory, events occurred because remarkable individuals made them happen. An extreme example from the second camp (and frighteningly devoid of Voltaire's impish humour) is Johann Fichte's (1762–1814) comment on Alexander the Great:

> Tell me not of the thousands who fell around his path; speak not of his own early ensuing death – after the realisation of his Idea, what was there greater for him to do than to die?

The twin beliefs in the overpowering force of 'Reason' as an abstract, transhistorical phenomenon, and the role of the individual genius,

14. Edward Gibbon (attributed to Lady Diana Beauclerk)

burning with the purity of his own philosophical mission, strike frightening chords to modern ears.

The Enlightenment also propounded a belief in the transhistorical universality of human nature. David Hume (1711–1776) wrote that 'Mankind are so much the same, in all times and places, that history informs of nothing new or strange in this particular. Its chief use is only to discover the constant and universal principles of human nature'. Medieval historians had tended to assume that the past was just like the present, but what Hume was expressing was slightly different: not the 'assumption' of transhistorical similarities, but (as he saw it) their *discovery*. History was influenced here by the logic of the natural sciences, which believed that the world was essentially static, and governed by laws that could be understood through careful inquiry. Hume believed that the study of history could similarly uncover those essential elements that made up 'human nature'.

The theme of inquiry brings us back to the antiquarian legacy. In many ways, seventeenth-century antiquarianism, with its emphasis on documentary detail and the historical differences between periods, was in tension with the grander, philosophical history of the early Enlightenment. But the eighteenth century also saw a joining of these two elements, fusing them into something rather more like the history we know today. A great example is the work of Edward Gibbon (1737–1794). *The Decline and Fall of the Roman Empire*, one and a half million words in length, covering European history from ancient Rome to the late Middle Ages, is unlike any other history book we have mentioned thus far. Its topic was not new, although Gibbon's attempt to analyse the course of the decline of a civilization had not perhaps been previously attempted. Its methodology was not new, for here Gibbon was clearly indebted to the techniques of antiquaries. What makes it different is this: it is still read today.

Now, this is a slightly disingenuous statement. Some older historians are also read, the ancient Greeks in particular. And Gibbon is read, but no longer much trusted. But what the *Decline and Fall* presents (and why book clubs still publish lavish editions of it) is a history that fuses together, to pleasing effect, the source-analysis of antiquarianism with the style of Ciceronian narrative, and the inquiry of Enlightenment philosophy. This is not to claim that Gibbon excelled in any of these areas: he never visited the archives, but relied on printed editions of documents; his writing is elegant but sometimes arch; and the big problem with the *Decline and Fall* is that Gibbon never properly tells us why Rome decayed, or what the 'fall' of a civilization might really mean. Nonetheless Gibbon was, if not the first, perhaps the most integrated example of a working *historian*. Not a philosopher, not an annalist, not a chorographer or antiquarian, but a historian.

I have said that Gibbon does not 'explain' the fall of Rome. It might be fairer to say that his explanation is based not in abstract analysis, but in accumulative narration. Rather than subscribing to one mode of causation, such as chance, Gibbon attempts to demonstrate the complexity of historical causation, the myriad interactions between disparate elements. In the *Decline and Fall* this belief in complexity is not a stated theory, but an implicit logic; however, historians in the late eighteenth and early nineteenth century – particularly in Germany – began to develop such theories. They were dissatisfied with explanations of 'chance', as simply giving up in the face of complexity; and they mistrusted the philosophy and politics of those who held to the 'Great Men' viewpoint. As the Scottish writer Thomas Carlyle (1795–1881) later put it:

> Which was the more important personage in man's history, he who first led armies over the Alps . . . or the nameless boor who first hammered out for himself an iron spade? . . . Laws themselves, political constitutions, are not our Life, but only the house wherein our Life is led; nay, they are but the bare walls of the house: all of whose essential furniture, the inventions and traditions and daily habits that regulate

> and support our existence, are the work not of Dracos and Hampdens, but of Phoenician mariners, of Italian masons and Saxon metallurgists, of philosophers, alchymists, prophets and all the long-forgotten trains of artists and artisans.

Historians, particularly from the late stages of the German Enlightenment, were increasingly convinced that to understand history properly, one needed to do two interlinked things: first, to study the archival sources in great detail; and secondly, to develop theories of causation that would draw together the complex relationships between the effects of geographical location, social systems, economic forces, cultural ideas, technological advances, and individual will. History was moving away from politics and law towards economics and what we would now call sociology. One would think from this onslaught that Thucydides' tower was surely in ruins.

We are heading now back to Ranke, whose rejection of the fictionality of history began this chapter. Ranke (1795–1886), as he made abundantly clear throughout his career, saw himself as both innovator and saviour of the historical craft. His call for documentary research and objective historical analysis was presented by many (himself included) as revolutionary and radical, placing history finally and firmly on a 'scientific' footing. As we have seen, however, many parts of this vision were already in place before Ranke's time. Was he therefore no more than a great pretender?

Although a degree – perhaps a large degree – of self-promotion may explain Ranke's image, there is something left to note here about the tendencies of Enlightenment historiography, and what Ranke saw himself as reacting against. Many of the most famous writers of the eighteenth century had produced 'philosophical' histories that were not concerned with the facts themselves, but with how they might illuminate some grand question about human kind and existence. Others had also been inspired by the remaining strands of Ciceronian history, producing beautifully written tales for the reading public (a group that grew considerably in the eighteenth century). All had been informed by what might be the one unifying feature of the Enlightenment: the belief that they lived in a time that was the culmination of Reason, that excelled and surpassed any previous age in knowledge, understanding, and good sense. Enlightenment historians were, at heart, intellectual snobs. They investigated the past with greater or lesser degrees of care, but above all they made judgements upon it. And for the most part, the past did not live up to their high expectations. As one writer put it, 'to regret "the good old days" one must not know what they were like'.

Ranke was suggesting something different. He wanted a careful analysis of the documents, undertaken without imaginative inspiration to 'distort' the findings, subjected to 'scientific' notions of scrutiny and proof, and thus to be able 'only to say, how it really was'. This *image* of the historian as the careful investigator of dusty records, the calm and dry analyst of precise questions, the impartial and stern arbiter of objective truth, remains with us today (although, thankfully, it has been joined by some other, less desiccated, images). Ranke's was not the only path: the French historian Jules Michelet (1798–1874) was also inspired by the archives, but his history was romantic, impassioned, fascinated with the peculiar and marginal, such as witches and heretics. Michelet was not always tremendously accurate; but his flair and imagination provided an alternative inspirational model to later historians.

In any case, Ranke's reality was slightly different from his image. He did use archival sources – though others had been there before him, and in fact about ninety per cent of the references in his books were to documents already studied and published by past scholars. And as with others before him, his aim of objectivity partially succeeded and partially failed. So what did he change? Perhaps two things.

First, if Gibbon, as I have suggested, marks the start of history as a vocation (as something that one chose to do for its own sake), Ranke establishes history as a *profession*. One legacy that Ranke bestowed was the working seminar of historians, where younger students gathered around an established scholar to learn the craft by working directly with primary sources. As far as educational budgets allow, this model still dictates how most young historians learn their trade.

Secondly, the recurrent phrase: 'only to say, how it really was'. This short, innocuous sentence has informed pages of literature on the practice and philosophy of history. It was an attempt by historians (not just Ranke) to escape from the paradigm of the 'true story', to lop off the second fictional term, and to make history simply into what is 'true'. We will discuss this viewpoint further in later chapters. For now, let us note one thing. When Ranke said 'only to say, how it really was', he was in fact quoting a rather more ancient historian: Thucydides. This is where his allegiances lay. Whatever else Ranke gave to history, he returned it once more to the tower of political events. His sources were those of rulers and states, nations, and wars. We have escaped again, but we have been left with divisions, for reactions against the Rankean vision also began a splitting of historiography into disparate components. Few historians describe themselves simply as 'historians' nowadays: we are 'social historians', or 'cultural historians', or 'feminist historians', or 'historians of science', or indeed 'political historians'. This is one reason why the remainder of this book is not going to continue a narrative account of developments in historiography: there are just too many of them, in too many different strands. Instead, we will discover more about twentieth-century historiography in the next chapters through examining certain themes and questions.

It is, of course, ludicrous to suggest that developments in historiography 'ended' in the mid-nineteenth century. My use of Ranke as an end point is in part driven simply by my inability to fashion a coherent narrative from the myriad paths that historiography has taken since that time. But there is some truth to the claim. Since Ranke, historians of every hue have had first and foremost in their minds the idea of 'truth' as something that can be approached or achieved through fidelity to their sources. The claims that history has made for relevance and utility have, since the nineteenth century, tended to rest upon the foundation of careful use of evidence, rather than rhetorical elegance or philosophical acumen.

This process was furthered by the growing institutionalization of history in the nineteenth and twentieth centuries. History was only one amongst a number of subjects that became 'professionalized' after the industrial revolution; indeed, it was rather later in its establishment as a serious topic for university study than some other areas of the humanities. In the late nineteenth century, historians began to form professional groups (such as the American Historical Association) and to start up learned journals. Throughout the twentieth century, growing numbers of historians have studied for doctorates, gained jobs on university faculties, and laid claim to the authoritative status of 'professional'. Part of the drive to professionalization at the end of the last century was the increased economic ability of modern states to support an intellectual class. One effect of this ability was a desire that history should serve the needs of the nation state in producing 'national' histories. These have in part shaped the kinds of historical questions asked by early professional historians in different countries: England saw itself as the pinnacle of parliamentary democracy, and regarded its empire with pride; France looked to the Revolution of 1789 as the creation of the modern state; Germany celebrated the 'superiority' of its culture and race; America gloried in its assumed 'difference' to European models. The professionalization of history did not extricate historians from the needs and partisanship of their particular cultures; if anything, it strengthened it.

Since I have benefited from the professional system, it would seem churlish to bewail it to any great extent. It is, however, worth noting some of the prices historians have paid for professional status. First, there has been an increasing gulf between the general reading public and the academic historian: writing for learned journals or publishing monographs with university presses generally means writing for an audience of under five hundred people. Much that is interesting and important, to *every* reader, is hidden away under an off-putting blanket of professional apparatus. Secondly, becoming 'professionals' has sometimes made historians pretend to an Olympian detachment from, and objective judgement on, the present and the past. We will explore these themes further, but simply note here that 'professional' does not mean 'impartial'; it mainly means 'paid'. Historians now make a living from what they do, which means negotiating the expectations of university committees, funding councils, and peer-reviewed publishers. Historians, like most people, operate within a web of vested interests. Lastly, professionalization has also led to division. Very few historians count themselves as expert on a vast range of areas; they tend to specialize in particular ways. I'm not certain that these divisions are a 'bad thing'; they may be inevitable, and might even be productive. But they do mean that, for us, 'history' (both in terms of what historians do, and the account they render of the past) can never be just *one* true story.

This chapter has explored the development of ideas around the use of sources, the relationship between the past and the present, and the 'truth' of historical accounts. I have sought to show that these questions have a long history, and that the answers to them have varied. If things have been different in the past, so too may they alter in the future: the arguments are not over. We will look further at 'truth' and our relationship to the past later in this book. In the next chapter, however, we will focus in greater depth on sources, and what the historian can do with them.

Chapter 4
Voices and silences

On 1 August 1994, a caretaker working in the Norfolk and Norwich Record Office turned on a light, and the building exploded. A tiny electrical spark in the switch had ignited leaking gas. The workman was blown backwards, but survived. The Record Office did not. Fire-fighters worked to control the blaze, and staff tried to save the documents kept there. When the fire finally went out, 350,000 books and some historical records had been destroyed, and the building gutted.

Why begin here? This chapter, and the two that follow, aim to show how a historian sets about the task of doing history. We are going to trace a true story from history using primary evidence, a story that has not been told before. The job of the historian begins with sources, documents from past times; and the Norwich Record Office (NRO) was, and remains, a repository of these materials (it also happens to be located in the city where I work). Furthermore, when things are placed under threat – such as a fire – they frequently come into clearer view. Fortunately, many more documents were saved than were burned. But the fire did disrupt something almost as important: the classificatory system on which the NRO was run. The surviving records were rehoused, and the Record Office is open once more both to interested amateurs and professional enquirers. But before people could make use of these sources, the NRO had to reconstruct its catalogues, arrange its stock, and recreate its procedures for locating specific documents. The job of the historian begins with sources – but only once the archivist has done his or her job of sorting and ordering those sources for use.

Historians often refer to historical documents produced at or near the event under investigation as 'primary' evidence (like the 'prime witness' to a crime). 'Secondary' sources indicate the works of other, later writers. However, this is only a useful shorthand, and not very philosophical, because the line between the two can be difficult to draw; and 'secondary' sources are also 'primary' evidence of their own time.

Archives, in the sense of repositories of past documentation, have existed for a very long time. From at least the fifteenth century the citizens of Norwich were concerned to have documents relating to their history stored and kept safe. This was because old documents, particularly those relating to land ownership and legal rights, were forms of power: producing an old (and therefore authoritative) document supporting one's case could help win an argument. This is, of course, still true, as when lawyers search for old documents concerning a house being bought by their clients. But from around the eighteenth century, institutional archives of documents began to be preserved and administered for less clear-cut reasons, kept in part simply because they were interesting. The NRO is just one collection of archives amongst thousands. Most countries have national archive collections, such as the Public Record Office in London, or the Archives Nationales in Paris. Some archives are run-down and almost forgotten, such as one in New York City where, I have been told, homeless people sometimes sleep amongst the stacks. Others are private, belonging to families, companies, or religious orders, and historians have to seek special permission to make use of them. Some are closed and inaccessible, including (until recently) records from the East German Republic and parts of the Vatican's collections. Occasionally parcels of sources are discovered in other places; one historian recently found a wealth of religious documents from the fourteenth century lodged and forgotten in the bell tower of an Italian church. However, such finds are rare; and these things too usually end up corralled into an archive somewhere.

Archives, then, are not simply storehouses. They are systematized repositories of information, cared for and nurtured by professionals. This is important for two reasons. First, the sources of the past do not survive in neat patterns of their own accord. Just imagine if the pages of this book, instead of being bound together in numerical order, were delivered to you as an untidy pile. It would take a long time to make sense of what was being said here! Archivists place the relics of the past into some kind of order, so that others can use them. Secondly, there are huge numbers of surviving sources. The NRO alone houses around two *million* different documents. It would take a historian a very long time to leaf through all of these. Instead, archivists spend time producing what are called 'finding aids'. These are lists of documents, often with brief summaries of what they contain, so that the historian has some idea of what to ask the archivists to bring to him or her.

So what is a 'source'? Until surprisingly recent times, there was something of an exclusive club: sources were assessed by gentlemen scholars for suitable inclusion, passing judgement on their accuracy, 'soundness', and the fairness of their opinions. One source might be said to be 'preferred' – and thus admitted through the sturdy oak doors of historiography – over another. Most of these sources were *narrative* documents: chronicle accounts, memoirs, government records, past histories. Over the course of the nineteenth and twentieth century, this club expanded greatly; sources came to include many more items, such as wills, letters, records of sale and other fiscal accounts, taxation documents, and court records. As we will see later, more sources led to more questions; and more questions to more kinds of sources.

A source can in fact be anything that has left us a trace of the past. It can be a charter, recording a land transfer; a court case, presenting the pleas of the witness; a sermon, given to an unknown audience; a list of books, shares, prices, goods, people, livestock, or beliefs; a painting or photograph of forgotten faces; letters or memoirs or autobiographies or graffiti; the buildings of the rich, displaying their power and wealth, or the buildings of the poor, displaying the opposite; stories, poems, songs, proverbs, dirty jokes, opaque marginal comments made by bored scribes or cunning glossators. A source can be a thousand things; it can be the discoloration of a page in an inquisitor's manual, marked by the imprint of a thousand kisses made in ritual obeisance by those about to be examined. It is a trace of the past.

Let us look at one specific document, from the NRO, and one specific piece of evidence. The document is the Yarmouth Assembly Book from 1625 to 1642. Great Yarmouth is a coastal town in Norfolk, some 20 miles from Norwich. In the seventeenth century the town was governed by a council or 'Assembly' of the freemen, and the Assembly Books record their deliberations and decisions. The document considered here is the sixth surviving book (the earliest dates back to the mid-sixteenth century). It is a large, leather-bound volume, measuring about 30 centimetres by 20 centimetres, containing 536 numbered folios plus some blank leaves. (Folios are different from pages. Whereas we number the face of each page, scribes in the seventeenth century numbered each leaf of paper. Therefore each folio has a 'front' and a 'back', usually now called 'recto' (front) and 'verso' (back). So 536 folios means that many fronts and that many backs – 1072 pages in all.) The pages feel dry and crinkly to touch, and are much thicker than modern paper. The book is so thick (about 15 centimetres deep) one needs to place it upon a specially made pillow to open it, lest the spine gets broken. Although the Assembly Books did not have lists of contents or indexes, the scribes kept the margin free to make brief summatory comments, so that they could locate entries quickly by reading only the margins. The existence of marginal aids indicates that the Assembly

Book was something *used* by the town, as a source of reference, and not simply filled in and forgotten.

The specific piece of evidence is an entry given within the book, on the front (recto) of folio 327, dating from 1635. In the margin it says 'Annuity of 20 marks per annum granted to Mrs Burdett'. The accompanying text reads:

> At this Assembly Mrs Burdett in regard of hir husbands absense from hir, being gone for New England, whereby she is much desitute of means for the maintenance of hir and hir children, petitioned the house for some relief to be afforded hir in supply thereof: which being taken into consideration it is agreed that she shall have 20 marks per annum to be paid quarterlie by the Chamberlines. The first payment to begin at St Michael next: and soe to continue during the good likening and pleasure of the house.

History begins with sources. However, as I have indicated above, historians usually have help in locating specific evidence, if only something to put them onto the trail. In this case, there were two 'beginnings' before reaching this piece of evidence. One was a list of Yarmouth documents in the NRO, which allows one to request the correct volume from the archivist. The other was a generous suggestion from a fellow historian, who told me that the entry concerning Mrs Burdett might be of interest. These are important stages, and something similar is present in *every* history written: a clue that pushes the historian towards a particular set of sources. Historians make choices and decisions before they ever lay eyes on the evidence. So perhaps it would be more truthful to say that *one* way in which history begins is with sources. Another way in which it begins is with historians themselves: their interests, ideas, circumstances, and experiences.

So now we have our piece of evidence. What to do next? Firstly, let us note the skills that historians have to possess. Look at the photograph of

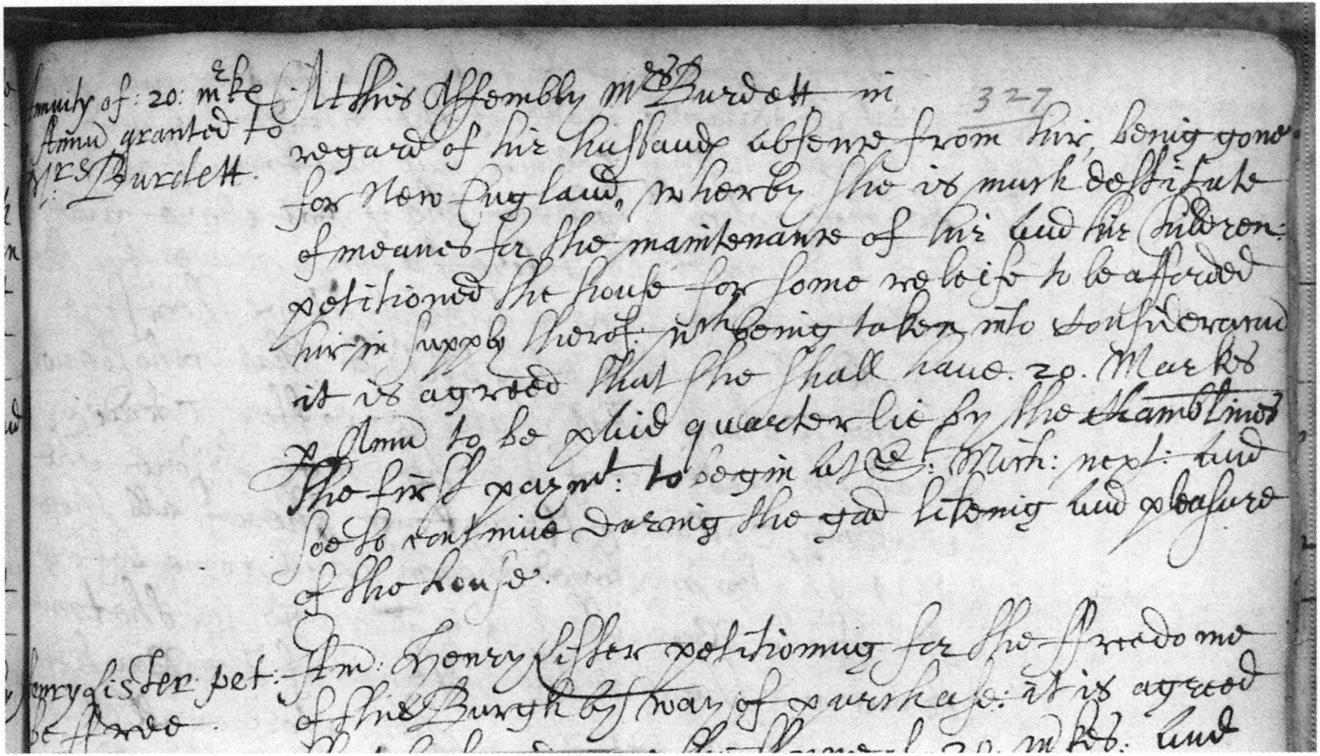

15. Extract from the Yarmouth Assembly Book. Note the marginal comments on the left-hand side, and the folio number at the top right.

the source, and then at the printed version above. The handwriting is not very clear, the spelling archaic, and some of the terms unfamiliar. Evidence must be deciphered. This is to take the first step back towards the past, in trying to understand *what* a long-dead scribe wrote down, even before asking 'why'. The handwriting, with its long looping letters, is a style known as 'secretary hand'. Handwriting has changed over the course of history: in the Middle Ages, handwriting was fairly regular, as most scribes were able to take a length of time over creating documents. But it was also full of abbreviations, familiar to the relatively small group of scribes dealing with documents, but less clear to modern readers. As literacy grew, and documents were created more frequently, handwriting became less tidy and more personalized. By the later seventeenth century, when (in England at least) there was a fairly broad spread of basic literacy, handwriting could be very messy, as people without much formal training hurriedly scribbled down what needed to be recorded. The study of handwriting is called 'paleography', and historians make use of this skill not only to decipher old documents, but also sometimes to date them, as patterns of writing can be roughly linked to particular periods. Other language skills are also useful to historians. Some learn modern languages, in order to read both documents and the works of foreign historians. Some learn archaic languages, such as Medieval Latin, Ancient Greek, Old English or Middle High German, so that they can work on documents in those tongues. Few historians have many of these skills. Instead, through accidents and choices of their personal histories, they tend to specialize.

The handwriting in the Assembly Book is, believe it or not, fairly regular and clear. Some of the 's's look more like 'f's, and some of the 'r's look like 'w's, but otherwise it is probably not much harder to read than the average doctor's prescription. There are a couple of abbreviations, where rather than write all of a word, the scribe has drawn a line above it or written part of it in mid air: for example, in the sixth line 'which' is written 'w^{ch}'; and in the eighth line 'Chamblines' (with a line above) stands in for 'Chamberlines' (or, as we would spell it, chamberlains).

Other oddities of spelling are fairly easy to translate: 'hir' for 'her', 'soe' for 'so', 'likening' for 'liking'. Spelling had not been standardized in England by the seventeenth century, so certain words tend to follow phonetic patterns.

We also need to make a few contextual translations. 'New England' then, as now, indicates the East Coast of America, which was in the process of being colonized during this period. Mrs Burdett was to be paid in 'marks', which is an archaic form of English currency (20 marks was quite a generous amount). 'St Michael next' means 'the next feast of St Michael' or 'Michaelmas', which is the 29th September. We have already noted *what* the document is (a record of civic government). Overall, the meaning of the evidence should now be clear: the Yarmouth Assembly agrees to pay Mrs Burdett 20 marks per year, as her husband has left her and gone to America.

But this in itself is not 'history'. It may be of interest to know that Mrs Burdett was to receive an annuity, but as yet it lacks a context to give it meaning or importance. The murder of Guilhem Déjean, related at the beginning of this book, was perhaps a more exciting story than Mrs Burdett's finances; but that too, we saw, needed to be placed within a larger narrative to have much meaning. What the extract from the Assembly Book has given us is a building block, shaped and ready to use; but the house itself remains to be constructed.

But what kind of house? The historian needs to decide what he or she is trying to build, and what the sources suggest and will support. For which other bricks should we search? We could start looking in a number of directions. We might wish to uncover other annuities granted by the Assembly, and thus create a picture of charitable giving in Yarmouth, in which case we could search through the rest of the Assembly Book (and the other volumes) before perhaps moving on to other civic records from that town. We might, on the other hand, want to trace other instances of people leaving for New England. In this case we would quickly find that although the Assembly Books contains the odd mention here and there, we would be better off with a different kind of source, such as the list of 'persons of quality' leaving for the New World in the seventeenth century, created by order of the English crown. This document lists the passengers of different ships bound for America, their ages and occupations, and includes brief statements about why they had chosen to leave England. Different sources invite different uses, some obvious, some less so. The Assembly Book invites investigation into the civic government of Yarmouth, but it could also be used to discuss society, religion, politics, gender, and so on.

Furthermore, there are other questions to tackle. We need to be certain, for example, that what we are looking at is not a forgery. In the case of Mrs Burdett, this seems unlikely: the extract fits neatly between other entries, written in the same handwriting, and so there is no evidence that it has been interpolated at a later date. Unless we think the whole Assembly Book – a full thousand pages of writing – was forged, there is no reason to distrust the evidence. This is not true, however, of all historical documents; there have been famous forgeries, such as the Donation of Constantine criticized by Lorenzo Valla, and more recently the infamously faked 'Hitler Diaries' that fooled one very eminent modern historian. But unless one is dealing with famous

Forgery: one area of documentation where forgery was common is medieval monastic records. Monks would regularly forge large numbers of charters, setting out the rights and properties of the monastery. This did not always indicate straightforward dishonesty: quite a lot of forgery was done to create documents that 'ought' to have existed, as rights which had previously been accepted by custom later demanded documentary 'proof'.

people or events, forgery is not all that common (because there is little motive for it).

Historians are also taught to think about 'bias' in the sources. Here, however, we need to think quite hard. Part of the reason for the 'gentlemen's club' of sources I described above was an over-concentration on the idea of 'bias'. Looking for 'bias' (the prejudices of the author, and the way they distort the account) may suggest that an 'unbiased' position can be found. This is a problem. If 'bias' is taken to include, as it must, the idiosyncrasies of every human being, there is *no* document which is 'unbiased'. Some sources present their opinions and prejudices very openly, and one must, of course, take account of these, whilst others may need to be studied very carefully for their assumptions. The extract above, for example, seems fairly straightforward – but note that it does not tell us Mrs Burdett's first name. This is probably more than an accident; it is more to do with the assumptions of the scribe and the Assembly, about what details were sufficiently important to record. But note one thing: this 'bias', having been identified, does not need to be 'discarded'; it is, rather, something we can *use*, to tell us about opinions of women and their place, in the seventeenth century. Without 'bias' (were ever such a thing possible), there would be no need for historians. So 'bias' is not something to find and eradicate, but rather something to hunt and embrace.

We also need to think, however, about what the document can and cannot provide. The Assembly Book was written for a purpose, not for our interest and enjoyment: it was there to record the important decisions made by the town. We need to think about what it does *not* say, as well as what it does. For example, although we know that the Assembly decided to grant Mrs Burdett an annuity, we do not know whether this decision was reached lightly or after hours of argument. We don't know whether Mrs Burdett was present or not (she is said to have 'petitioned' the house, but this may mean that she made a request to them before their meeting). We don't know *why* they gave her an annuity, beyond the fact of her husband's absence and her destitution. Historians need to be aware of the nuances of sources, the gaps between what is said and what is not said; their rhythms and syncopation.

It is sometimes said that 'the sources speak for themselves'. This is not true. The extract from the Assembly Book has said little or nothing as yet. But it is perhaps producing a gentle, nagging murmur: who was Burdett? why did he leave for New England? what happened to Mrs Burdett and her children afterwards? To answer these questions we obviously need to track down other references to the Burdetts. Thus we have decided, through a combination of what the source presents, what it leaves silent, and what happens to interest us, on the direction of our enquiry – the particular path we shall follow from our starting point.

There are at least five other mentions of Burdett in the Assembly Book, located by scanning the marginal comments on each page. These add a little to our picture. A 'Mr George Burdett', preacher, appears in 1633 reported to the assembly by one Matthew Brooks, 'for not bowing at the name of Jesus'. A little context is necessary here. There were religious tensions within England at this time, over the nature of the governance and reform of the church. Brooks believed in a brand of moderate Protestantism that supported ceremony, conformity, and royal control of the church. Burdett would appear to be more radical, against royal control and ritual, and therefore did not make ritual obsequience to the Cross ('bowing at the name of Jesus') when in church. Burdett was briefly suspended as preacher on account of Brooks's complaint, but (as a second mention tells us) was then reinstated by the Bishop of Norwich. However, in 1635 Burdett was suspended again for his preaching (which appears to have been both religiously and politically antagonistic) and the Assembly Book records the necessity of finding a new preacher. Two final references tell us that Mr Brooks made a bid to take over the house where Burdett had lived, but that the property was later leased to a Mr Crane for £12 per annum. The last reference in the Assembly Book is to Mrs Burdett's annuity.

So, by putting together further building blocks, we can start to build up a picture of the Burdetts and what had happened to them. For the picture to make sense, one needs some background information – the religious tensions in England, the local politics within Yarmouth – and here we are reliant on the work of other historians. This is no exception to the rule: historians rely on one another's work just as much as on their own investigations into historical sources. If we find something in the evidence on Burdett to challenge the true stories already told about early modern England, all well and good; but it is foolish to ignore what has already been provided as a guide.

To follow Burdett to America – the next part of our story – we need to turn to documents relating to New England. There are, of course, lots of different sources remaining from colonial America. Tracing Burdett through all of them could take a very long time, so what is a historian to do? Well, sometimes that is exactly what a historian does: works painstakingly and tediously through every available document, searching for mention of what interests him or her. Tedious is the key word here. Quite a lot of the doing of history is tedious, and one of the skills of the historian is to continue to operate in the face of that tedium, hoping for the rare moments of discovery. War is sometimes described as long periods of boredom punctuated by short moments of excitement. History is often similar, if rather safer.

But the pleasure of the historian is the moment when something *is* discovered or revealed. Of course, usually historians would search for more than one thing at a time (there is little point in reading all of the colonial documents in search of Burdett if, later on, one decides to search for another person, and has to read them all again). And sometimes, what they are searching for is much more amorphous than a man's name: it might be a particular phrase or way of talking, a

16. John Winthrop, governor of Massachusetts

pattern in the evidence only revealed by later statistical analysis, a process of change that cannot be pinpointed but is made apparent over the length of time.

So how do we find Burdett in the New World? We could look at some of the various genealogical finding aids now available. We could consult an American biographical dictionary, in case Burdett left a lasting mark. We could turn to the indexes of modern books about colonial America, hoping that another historian has already trod part of our path (although only hoping this with the lazy half of our heart, as treading the path for the first time is part of the fun). Or we could look at some of the most obvious and rich sources of evidence for New England, to see, in an idle fashion, whether Burdett happens to pop up . . .

And he does. If one turns to the seventeenth-century *Journal of John Winthrop*, we find a number of references to Burdett. John Winthrop was the governor of Massachusetts in the 1630s and 40s, and both a key historical actor and recorder of history. He originally hailed from Suffolk, coming to America in March 1630 aboard the *Arbella*. His *Journal* is only one part of a large body of evidence relating to New England, known (and published) collectively as *The Winthrop Papers*. The *Journal* has been edited and published in recent years, and includes a voluminous index, which aids our search considerably. Most historians make use of published source material as well as the original archival documents. Although it is often best to see the original document, this desire frequently exceeds the limits of time, patience, and research grant funding. Looking at a published edition has, in any case, its own particular rewards, as it usually means that someone else has done most of the hard, boring work for you, allowing one to pick the tender fruits from the index.

And such fruits they are! From Winthrop's account, Burdett appears in November 1638 ensconced at a place called Piscataqua. He is recorded by Winthrop because once again he was in trouble, having given shelter to some people the governor had expelled from Massachusetts. Colonial America was a politically fraught place, with divisions between those whose allegiance remained firmly with their old countries, and those who were pushing towards greater religious and political self-government. Winthrop, as governor of Massachusetts, was on the latter side; Burdett, it appears, was on the former.

In December 1638, Winthrop recorded the following:

> The governour's letter to Mr Hilton, about Mr Burdett and Capt. Underhill, was by them intercepted and opened; and thereupon they wrote presently into England against us, discovering what they knew of our combination to resist any authority, that should come out of England against us, etc.; for they were extremely moved at the governour's letter, but could take no advantage by it, for he made account, when he wrote it, that Mr Hilton would show it them.

Let us pause for a moment here and think about the vagaries of evidence. First, we need to establish who these other people are. A short bit of digging in the index reveals the fact that Hilton was another Massachusetts politician, and Underhill would go on to lead a rebellion against a Dutch-owned colony. Note that Winthrop, in his own journal, refers to himself in the third person, and so is perhaps aware that he is writing a semi-official account that may be viewed by other people. We are not privy to his innermost thoughts here, but to what he *chose* to record. We must also ask ourselves how Winthrop knew that his letter had been intercepted, and of Burdett's letter to England – and, in this case, find no answer. Finally, there is Winthrop's description of his own letter: written in such a way that its discovery would do him no harm. As far as we know, this letter does not survive, but imagine for a moment that it does: the historian would (without the *Journal* account) have to interpret a letter that presumably said one thing but meant another. Sources are not transparent and innocent documents. They are written in particular circumstances, for particular audiences; in the case of

Winthrop's letter, written in one way for the particular audience of Mr Hilton, and in another surface way for the suspected audience of Burdett and Underhill.

Further entries in Winthrop's journal show a continuing breakdown of relations between Burdett and himself, including in May 1639 the discovery of a letter written by Burdett to William Laud, Archbishop of Canterbury, decrying the colony's attempts at self-government. A copy of this letter survives in other documentation (the State Papers in the Public Record Office in London), and so we can feel more confidence in Winthrop's account by linking it to supporting evidence. By March 1640, Burdett had apparently become the 'governour and preacher' of Piscataqua (a fact related when Burdett prevented a new arrival from England preaching in his area). Finally, in the summer of 1640, Winthrop tells us of the arrival from England of a lawyer called Thomas Gorge, who travelled to Burdett's area. There, Winthrop says, Gorge,

> found all out of order, for Mr Burdett ruled all, and had let loose the reigns of liberty to his lusts, that he grew very notorious for his pride and adultery; and the neighbours now finding Mr Gorge well inclined to reform things, they complained of him [Burdett], and produced such foul matters against him, as he was laid hold on, and bound to appear at their court.

Burdett was fined about £30, whereupon:

> He [Burdett] appealed unto England, but Mr Gorge would not admit his appeal, but seized some of his cattle, etc. Upon this Mr Burdett went into England, but when he came there he found the state so changed, as his hopes were frustrated, and he, after taking part with the cavaliers, was committed to prison.

Again, pause for a moment. Winthrop's account, which gives us this narrative, purports to be a month-by-month annal of his governance of

Massachusetts. But details in this last passage would seem to indicate that he was writing after the event – telling us what happened to Burdett *after* his return to England. These events must surely have happened some time after his court case; and for news of them to have travelled (by sea) back to Massachusetts must have taken some further weeks. Furthermore, 'after taking part with the cavaliers' sounds very much like engagement with the conflicts of the English Civil War, where Cromwell's Roundheads fought the King's Cavaliers. But this fighting did not start until 1642. How then could Burdett's future be known in 1640? Only if the account were written later. Winthrop's *Journal* – like every piece of historical evidence – needs care and attention in its use. Documents rarely set out to trick historians, but they can bamboozle the unwary at every turn.

In any case, we now have another true story from the past, pieced together from documentary sources: of how George Burdett, puritan preacher and possible libertine, fell from grace in Yarmouth, abandoned his wife and children for the New World, rose to some heights in his new home only to be brought low once again, returned to England to take the King's side in the Civil War, and ended up in prison. Where and when does this story end? It finishes when we either run out of sources or run out of steam – but always, in some sense, the latter, since the story of George Burdett might be linked to the story of Captain Underhill, or the story of Thomas Gorge, or the story of religious reform in England, or the story of colonial liberty, or the story of the English Civil War. It is, as it stands, quite a satisfying story. But let us not forget that it still contains holes. We do not know what happened to Mrs Burdett, back in Yarmouth (although we might hope that she and her children had a long and happy life without George, since one can find people with the surname 'Burdett' in lists of the Freemen of Yarmouth from the end of the seventeenth century). We do not know quite how Winthrop gained most of his information, or if he told us everything he knew. Most of all, we do not know everything about George Burdett, who seems to have been intriguingly contradictory: a religious man, who abandoned his family; a church reformer, expelled from Yarmouth for failing to obey the practices of the King's church, but then taking the King's side upon reaching the New World, and returning to fight for the King in the English Civil War; a fiery preacher, but decried by his neighbours for his 'pride and adultery'. We have two items written by his hand: the letter to England, denouncing Massachusetts politics, mentioned above; and another, earlier letter to Archbishop Laud (also in the State Papers). This early letter is dated December 27th 1635, from Salem, New England. In it, Burdett appears to explain *why* he first left for the New World:

> My voluntarie exile is exposed to censure; levitie, or dissimulacon or w[hi]ch is worse, is charged upon mee: but the trueth is: my practize was regular, & herein obedience eccli[esiastic]all very reall . . . [T]his I thought to impart, to rectifie yor Grace's judgement of mee & my wayes . . . [His reasons for leaving were]: Impetuous & malicious prosecution, importable expense; the end, tranquillitie in distance: w[hi]ch could I yet injoy in my native countrie, it would exceedingly rejoyce mee.

The general tone of the letter is clear: Burdett wants to clear his name with the Archbishop, presumably so that he can at some point return. The detail is less so, not least because of Burdett's florid and pompous style. The reference to the 'importable [i.e. unsupportable] expense' of 'malicious prosecution' would seem to indicate a court case: and, indeed, searching the Calendar of State Papers (a fairly detailed finding aid) we discover Burdett being prosecuted for religious irregularity in the court of High Commission during 1634 and 1635. We therefore know more about Burdett's reasons for departure, but this does not answer all our questions. We still do not really know why he chose to leave his family, rather than defend himself at home. At a certain point, the sources fall silent, and the historian must begin to make some guesses – that is, to *interpret* the documents.

We have no statement about George Burdett's feelings towards his wife and children, but we are told that his departure left them 'destitute', and that he was accused of 'adultery' in New England. Might we then suppose that all was not well with the Burdett marriage? This could be a good guess – it fits the evidence – but it must be a *guess* nonetheless. What then of Burdett's activities on his return to his homeland? If Burdett's choice to fight on the side of the King presents us with a change of heart, we might point to Burdett's experiences in the colony: a brave new world, seeking to free itself from the control of the old country. Did, perhaps, this partial realization of Burdett's vision appal him in its concrete reality? Or having come to his new home, was our preacher immediately looking for ways of return and hence saw it politic to reposition his allegiances, against the colonists and for his monarch? Both are good guesses, and one might take a little from each. We cannot know for sure; but we can progress along our narrative trail having built these little bridges. But we should be clear that the bridges are of our own construction. Certainly we can cite evidence in their support, but not at the expense of disclaiming a role in their building. The historian has to make these little bridges, but he or she cannot and should not forget who placed them there and why, or ignore the fact that each bridge may demand a small toll: the price of continuing down a satisfying path, which may close off or render unnavigable other possible trails.

For there are other guesses we could make. Burdett may have loved his wife dearly, been much pained by parting from his children, and wished to bring them with him only to be thwarted by either their wishes or the expense of the move. Winthrop's report of Burdett's lechery may be no more than a calumny against a political enemy, just as Burdett claimed in his letter to Laud that what had been said against him in Yarmouth were lies. Historians of the English Civil War tell us that the Parliamentary and Royalist sides did not divide equally on grounds of religion, so perhaps Burdett found no surprise in his chosen allegiance. One can continue in this vein – but eventually a choice must be made, a path followed, a guess rendered sufficiently firm to walk upon. However, each guess should be remembered as such. Walk upon too many suppositions, and we may be lost.

The sources do not 'speak for themselves' and never have done. They speak for others, now dead and forever gone. Sources may have voices – plural – which can suggest directions and prompt questions, leading to further sources. But they lack volition: they come alive when the historian reanimates them. And although sources are *a* beginning, the historian is present before and after, using skills and making choices. Why *this* document and not another? Why *these* charters and not those? Moreover, why look at charters and not trial records? Why study government accounts and not diaries? Which questions to pursue, which paths to take?

This is not to suggest, however, that the direction of the true story is entirely determined by the whim of the historian. Documents suggest certain directions to follow, as our search for Burdett has shown. Sources can also surprise, present bumps in the road that reveal new paths previously unconsidered. Reading Winthrop's journal, one's glance cannot help but pass on to items below those searched for. And thus, immediately after Winthrop's second mention of Burdett, one reads:

> The devil would never cease to disturb our peace, and to raise up instruments one after another. Amongst the rest, there was a woman in Salem . . . who had suffered somewhat in England for refusing to bow at the name of Jesus . . .

Refusing to bow at the name of Jesus – like Burdett – catches one's eye; but also the conjunction of the devil, a woman, and Salem (in the later seventeenth century, Salem was notorious for witchcraft trials, and a number of women were executed there). This little hook having sunk in, one then finds, whilst flicking forward to the next mention of Burdett, another instance of a woman hanged at Boston, having been 'so possessed with Satan, that he persuaded her (by his delusions, which she listened to as revelations from God) to break the neck of her own child, that she might free it from future misery'. Horrifying – but intriguing . . . so one starts to search for other instances. And thus a new story begins, its starting point brought about somewhere between the voices of the sources and the interests of the historian.

The historian does not simply 'report from the archives'. If he or she did, they would most probably repeat half-truths and confusions, if not indeed downright lies. For sources are not innocent; their voices talk to certain ends, intend certain consequences. They are not mirrors of past reality, but events in themselves. John Winthrop, we may guess, did not like George Burdett, and he tells us (through the voice of another) that Burdett was an adulterer. Is this the whole truth? Whether it is or is not, why did Winthrop decide that it should be written down and recorded? To place something in writing – particularly at any point prior to this century – should be seen as an extraordinary event, and therefore in need of explanation. Does Winthrop's antagonism (a political antagonism, perhaps, rather than a personal one) invalidate his evidence? If it does, do we abandon the true story of George Burdett, and consign him to the silence of the past? The historian makes a choice, and continues with the tale.

And always there are new questions to ask. Why? Because of new ways of looking, because of other things seen before or after, because of different paths travelled. But primarily because there are gaps, spaces, elisions, silences. The sources do not speak, and they do not tell all. This is, as a French historian recently put it, at once the impossibility and the possibility of history: that history, which aims at the whole truth, cannot ever reach it (can only ever be a true *story*) because of the myriad things which must remain unknown; but that it is this very problem which allows – or rather, demands – that the past be a subject for *study*, instead of a self-evident truth. If there were no problems with discovering what happened in the past, there would be no need for historians (whether professional or amateur), and thus no history – just 'what happened' without dispute or question. History has a beginning in sources, but also in the gaps within and between sources. When the Norwich Record Office burnt down, it was a potential tragedy. In fact, most of the older documents stored there survived, although the fire did consume newspapers and photographs which cannot be replaced. I suggested at the beginning of this chapter that when things come under threat, they often come into clearer view. So perhaps another thing is now revealed: archives must burn down (symbolically of course) for history to happen. We must have sources – but we must have silences too.

Chapter 5
Journeys of a thousand miles

A proverb has it that 'a journey of a thousand miles begins with just one step'. Reconstructing something of the history of George Burdett has given us that first step. Where shall we now travel?

The journeys that historians take, and the stories that they tell of their wanderings, vary in length. It is perfectly possible to tell the tale of Burdett's life, such as we know it, and have done with that. But every life intersects with others, and these histories with larger changes still. We are tempted by the open spaces of long journeys, by the possibility of finding meanings and exploring arguments in our greater travels. Burdett is part of at least two larger stories: the English Civil War, and the colonization of America. We might like to know how it is that England came to internal conflict, and we might seek to understand the effects – on the people involved, and on later parties – of colonizing a brave new world. We may also think about how Burdett fits into these stories – or, indeed, changes them. To do so, we need to find a way to tell such large tales.

Making histories involves guesswork of several kinds. We have already met the process of trying to 'fill in the blanks' within surviving evidence. What this chapter will explore is a further process: how to synthesize larger amounts of material, and what to make of the contours presented by bigger stories. In doing this, historians are aware of change over time, but also of continuities, and they try to explain these things. They are also aware, however, of those whose feet have trod the path before, of other historians' accounts and arguments. These must be dealt with too: agreed upon, demolished, or ignored. The process of creating a story is not simply that of placing one brick upon another, until a structure arises; it involves deciding the causes and effects of the things described, negotiating what has already been said by other historians, and arguing for what the story *means*.

Let us start with the English Civil War. Historians build up an account of the war through surviving evidence, just as one recreates an account of Burdett from the Assembly Book. But this involves, of course, very much more work – and some more difficult choices. The kind of evidence one focuses upon will undoubtedly affect the story told. If, for example, one looks mainly to narrative accounts, royal documents and parliamentary papers, the story that appears is overtly political: of how the monarch Charles I was involved in a web of political, economic, and religious tensions during the second quarter of the seventeenth century, leading to an outbreak of war in 1642 between crown and parliament. Charles was executed in 1649, and for a short while England was governed by parliament, until Oliver Cromwell assumed the position of 'Lord Protector' (a curiously regal position for a republican leader). In 1660, Charles II regained the English throne. This is a story primarily of events: the execution of a king, the battles fought between the sides, the internal politics of the Commonwealth, the victory of the new monarch. Political historians have to explain, to some degree, what caused these events, and the answers they provide vary somewhat, according to their interests. Nonetheless, most agree that Charles I was a rather incompetent monarch, unable to hold together the support of his lords; that there were tensions between different ideas of 'government', notably between a monarch who had sovereign control of his polity, and a more mediated system where parliament had greater say; and that events abroad (particularly in Catholic Ireland, but also on the continent) affected what happened in England.

In this 'political' story, what are the causes of change, and what does it *mean*? It is unfair and inaccurate to lump all political historians into one camp. However, it might be reasonable to say that within the 'political' story, change comes about through human competence or incompetence (an incompetent Charles I, a competent – in the beginning – Cromwell); it is affected by the strength of ideologies (monarchy vs. republicanism), and is subject to a degree of chance (when battles are surprisingly lost). It may well also form part of a 'Grand Narrative' (that is, a very large story, running over several centuries), such as the development of parliamentary democracy. The 'meaning' claimed for such a grand narrative is – as was mentioned at the end of Chapter 3 – the 'superiority' of English political culture. This kind of meaning may be stated explicitly, or may lurk within the structure and commentary on the story told. For some political historians, the causes and meanings of things do not need explicit statement: simply relating the course of events is enough. Narrative, they feel, makes 'what happened' sufficiently clear in itself.

At its crudest, political history remains stuck in a later nineteenth-century mould: narrating 'great events', and passing judgement on 'Great Men' (or their flipside, 'Really Awful Men'). Whilst it would seem churlish to deny that there were and are some men and women (although curiously the latter are less frequently mentioned) who might be called 'Great', it is less clear on what grounds exactly that epithet should be applied, and whether it tells us anything about the person in question, or rather more about the tastes of the historian doing the labelling. At what point, for example, does 'Greatness' wear off, and simple 'competence' begin to apply? Do 'Competent Men' play no role in history? And whose choice of 'Great Men (and Women)' are we talking about? Some of my favourites are Anna Comnena, a twelfth-century Byzantine princess who wrote the *Alexiad*, one of the most beautiful works of history; Mennochio, a seventeenth-century miller, who challenged the inquisition with his very individual ideas on God and creation; and Emma Goldman, an anarchist active at the beginning of this century, once described as 'the most dangerous woman in America', and whose comment on the Russian Revolution was to say 'if there's no dancing, count me out'. I have cast-iron arguments for why these achieve 'Greatness' – but I'm sure that you have equally valid reasons for your own personal choices. Either there are surprisingly large numbers of 'Great Men' around – or perhaps the game of ascribing greatness is more akin to picking your top ten records of all time.

More importantly, 'Great Men' theories of historical causation – and, indeed, theories that deal with the decisions made by not so great men – depend upon a belief that what causes events is the good or bad decisions taken by the individual in power. It is foolish to deny that political leaders wield power and that the choices they make affect the lives of others; but is it not equally foolish to forget the reactions and choices made by the rest of the people in general? Battles may be won by expert commanders, but they are also won by those willing to fight and die, by ideas that inspire people to combat, by the economic systems that support those troops, and by the manufacturing bases that provide their weapons. How often, in any case, does a single battle alter the course of events? The English Civil War involved many battles, and multiple conflicts – so perhaps the question to ask is how it was that people were willing to continue fighting?

What happened in the past is undoubtedly affected – even dictated – by the decisions that people make. But what people intend to do, and what the outcomes of those intentions actually turn out to be, are not often the same thing. Time scale is a factor here: when, in 1517, Martin Luther nailed his ninety-five theses to a church door in Wittenburg he certainly intended to protest against certain activities within the Catholic church (as indeed, had many people, employing the same method of publicity, before him). It is less certain, however, that Luther intended to change the religious shape of Europe, or put into motion countless wars of religion between Protestant and Catholic. Not that Luther could be held solely responsible for all that followed: because his ninety-five theses had an *audience*, and their choices (and the unforeseen consequences of those choices) also affected matters. Furthermore, those choices, and those consequences, were played out within a context of social structures, economic changes, and cultural ideas.

Thinking about society can return us to the English Civil War. Social historians tend to concentrate upon rather different evidence from political historians: in particular, the bureaucratic, localized records wherein one is more likely to find information relating to the common people. Some of this information may permit economic analysis – if, for example, one looks at tax returns, lists of merchandise and sales, records of income and outgoings. Economic pictures of change have had increasing interest for historians in the twentieth century, largely because of the influence of Karl Marx. A classically Marxist account of the civil war tells of a class conflict between a rising 'middling sort' (yeoman, merchants, the wealthier members below the nobility) against the established elite (the gentry, the lords, the King). In this big story, the war becomes part of the overall 'transition to capitalism' (another 'Grand Narrative'): the major, long-term change from a 'feudal' society, run by tradition and hierarchy, to a capitalist one, where wages replace duties, and the pursuit of individual profit over-rode traditional conservatism.

Marx is remembered chiefly, of course, as a political thinker. But he and his partner Friedrich Engels were also interested in the interpretation of history; in trying to explain how and why changes occur in societies over long periods of time. His influence on historiography has probably been greater than anyone else's in this century. Although it took a long time for historians to catch up with Marx's thoughts about society, economics, and culture, he came to be extraordinarily useful to social historians. In England, from the 1930s onwards, Marxist historians began writing energetically. Men and women such as Eric Hobsbawm, Dorothy Thompson and, pre-eminently, E. P. Thompson passed this influence on to American historiography. In France and Italy, Marx had a profound impact across the social sciences, whilst Germany has retained a somewhat schizophrenic relationship with one of its most famous sons. In Russia, Marx's influence (or rather, one version of that influence) on historiography was imposed to the detriment of any other viewpoint.

Practically all historians writing today are marxists (with a small 'm'). This does not mean that they are all 'left-wing' (far from it) or that they necessarily recognize or remember the debt. But one key element of Marx's thought has become so ingrained in historians' ideas that it is now practically taken for granted: the insight that social and economic circumstances affect the ways in which people think about themselves, their lives, the world around them, and thus move to action. This is not to suggest that they are completely *controlled* by these circumstances. Marx himself wrote that:

> Men make their own history, but they do not make it just as they please; they do not make it under circumstances chosen by themselves, but under circumstances directly encountered, given, and transmitted from the past.

Almost any interpretation of the English Civil War, or any other topic, will take for granted the utility of examining the society within which things took place, the economic positions and interests of the people involved. Not every historian will go on to talk about 'class', or changes from feudalism to capitalism; but they are, for example, interested in the 'rise' (usually meaning the rise in economic and political influence) of particular groups, whether the 'gentry', the 'middling sort', or the 'middle classes'. Social historians have produced various interpretations of the Civil War, not necessarily reading it as a 'transition to capitalism', but noting that economic changes during the seventeenth century (particularly a rise in population, inflation in prices, and a change in directing production from local to national markets) caused greater social stratification, impoverishing certain people and enriching others. These changes led to a perception of social instability which undoubtedly affected the political situation.

Although social history usually keeps one eye on economic elements – thinking, for example, about how material conditions might be influencing changes in society – its areas of interest are broader. Apart from studying the movement of goods and incomes, social historians also use further evidence – pre-eminently legal records – to analyse the thoughts, feelings, and behaviour of the general populace. Sometimes, this leads historians into different directions, asking other questions. The influence of anthropology and sociology has allowed social historians to investigate the patterns of behaviour they perceive in people's daily lives: their family structures, their conduct in daily life, the way they arrange and give meaning to the social spaces around them. Looking at these areas can lead historians towards different journeys, different questions: why did marriage patterns change? How did perceptions of gender affect social behaviour? A number of books on English society in the seventeenth century do not mention the civil war at all – for them, it is part of a different story, one which did not particularly affect the changes that interest them. A different kind of 'Grand Narrative' has been forged from these analyses, which claims to identify relatively stable structures to society, continuing over several centuries. This sort of story suggests that the life of a field-worker in the fifteenth century was not really very different from that of a field-worker in the eighteenth century, despite the apparent changes in political constitution and governance.

Historians have also, in recent years, become increasingly interested in culture. This, again, has come from the influence of anthropological ideas. At the end of the nineteenth century, anthropology and sociology were, like history, becoming 'professionalized'. This led to a division between these different approaches to the study of human life and behaviour, as each tried to stake specific claims for 'their' field. In more recent times, however, the disciplines have been drawing closer together once again: various anthropologists have become interested in analysing historical periods, and many historians have engaged with the more theoretical insights of anthropology. 'Culture', as it is understood in this context, does not simply mean music, plays, literature and so on; it is taken to indicate patterns of thought and understanding, modes of language, rituals of life, and ways of thinking. Cultural historians have taken Marx's idea, that economic circumstances affect the way people think and behave, and have changed its emphasis: arguing that the *ways* in which people think affect their relationship to society and economics. Getting at the ways in which people think can involve studying the art and literature of a certain period. But it can also be examined by analysing the language and behaviour found in documentary sources.

The historian David Underdown performed such an analysis for the Civil War, looking at the different ways in which parts of English society saw themselves (some of which varied according to geographical location), and the thoughts and fears they had about the world around them. Religion played an important role here: in particular, the difference between the traditional protestantism supported by the established church, and the more radical 'puritanism' preached (in Underdown's view) by some of the 'middling sort'. The former group, largely drawn from the gentry, emphasized obedience and ritual, and believed in a harmonious, hierarchical, and essentially *static* social order, regulated by 'custom'. The latter, associated with a rising 'middling sort', rejected 'papist' rituals, disliked state control of the church, and saw society as fractured and divided, in need of *reform* by the godly (i.e., themselves). We met these tensions in the previous chapter, between Brooks and Burdett.

However, the religious differences can also be seen as part of a wider culture. Non-religious activities, such as football, became part of the struggle: to the traditionalists, football (which usually involved a very violent game between two parishes) was a way of reinforcing feelings of neighbourhood and local community; to the radicals, football illustrated disorderly violence and the need for the lesser sort to be 'reformed'. The question of whether society was stable or in crisis, harmonious or fractured, infected various areas of thought. Underdown finds conflicts within, and between, local areas over 'rights', 'duties' and 'customs', where people were struggling over *different* visions of how the world worked. The harmonious image of society – and hence the kingdom – was sometimes compared to the household, with the husband firmly in control at its head. Interestingly, people in seventeenth-century England were very worried about the household too: there was a concern that 'proper' gender relations were adrift, as women were feared as 'scolds' and (sometimes) 'witches', placing men under their control. Overall, there was a strong feeling that English society was unstable: that 'the World was turned Upside Down'. The idea of 'order' could not be divided into separate compartments labelled 'political', 'religious', and 'cultural'; they were linked together. And hence (in Underdown's assessment) a large part of the civil war was a struggle between two different cultures, two different ideas about how the world should work.

David Underdown's 'true story' of the English Civil War has been challenged by other historians (mainly on the accuracy of the regional and class variations he ascribes). But his mode of analysis provides us with a good example of how thoughts about economics, politics, social structures, and culture can be used together in one analysis. This should not really surprise us: whether academics are labelled 'historians', 'economists', 'sociologists', or 'anthropologists', all are nonetheless engaged in analysing how people exist and interact. Different approaches may carry different emphases, focusing on what each discipline takes as being most interesting or important, but the

THE
World turn'd upſide down:
OR,
A briefe deſcription of the ridiculous Faſhions of theſe diſtracted Times.

By T. J. a well-willer to King, Parliament and Kingdom.

London: Printed for John Smith. 1647.

17. The World Turn'd Upside Down: inversions of gender, society, and the body were linked to the political troubles of seventeenth-century England (1647)

professions have much more in common than they are sometimes willing to admit. History is also increasingly trying to give something back to its sister subjects, rather than simply borrowing their ideas. One thing history can provide is a prompt to think about why and how things *change* over time. Underdown's account is interesting in this regard, since it does not see society as static or stable, but chooses to emphasize how fractured and divided it was, and seeks to draw out those elements that were particularly *contested* in the seventeenth century.

We will talk more about analysing the 'ways in which people think' in the next chapter; for now, let us return to the bigger question of how historians set about making larger stories. We often find ourselves talking of 'causes', and sometimes also of 'origins'. These are useful, common-sense expressions, for getting at complex processes; but they have dangers attached. Searching for the 'origins' of, say, the English Civil War (as a number of historians have done) is tacitly to claim that before a certain point, the event would not have happened. This may be true, if we see the following events as *one* story; but if we admit to the variety of tales that can be told within seventeenth-century England (religious conflict, political ideals, social and economic change) the idea of an 'origin' becomes more difficult. Could there, in any case, be an *English* civil war before there was an 'England'? In which case, the historian must decide at what point such an entity could be said to exist (which is a *very* knotty problem, leading one back at least into the fifteenth century).

'Origins' are preceded by other stories; and events are followed by further events. Take, much more briefly, the colonization of America by Europeans. We can point to factors that caused this process – again, religious conflict, economic forces, ideological motives – but must be aware that in producing 'one' story of colonization, we are synthesizing thousands of individual narratives (like that of Burdett) which may not fit our overall model. Synthesis always involves silencing something; in the second and third chapters of this book, we have a synthesis of over two thousand years of historiography. One must be aware that, given more space, this story would look much more complex than my brief account. Synthesis is useful and unavoidable – but it is still a 'true *story*' and not the whole truth. In recent years, historians (and, arguably, society in general) have become suspicious of the 'grand narratives' formed by synthesis, since these stories tend to trample over the complexity of any particular situation. We are rather less persuaded than we used to be by the meanings ascribed to these grand narratives. The end of the nineteenth century tended to see history as a narrative of 'progress', with nineteenth-century society at, or close to, its apogee. The end of the twentieth century, after two world wars, the arms race, increasing divisions between rich and poor, diseases resistant to human intervention, chemical pollution of the world around us and so on, has rather less belief in 'progress'. This is not to argue that the opposite is true – that things are in terminal decline, which would be another 'grand narrative' – but to note that, in tackling the problems which face us, we have become suspicious of people spinning us great tales, and wish to pay more attention to the details of true stories.

'Effects' are no less complex than origins. Some of the effects of the colonization of America would be the deaths of hundreds of thousands of native Americans, the development and continuation of slavery, the beginnings of England's economic decline over a very long period of time, the establishment of new ideas about government and politics, the cold war, the space race, the multinational society in which we now live. Who could say that the Pilgrim Fathers imagined such outcomes? And who would dare to draw a line under those effects, and say 'this is where the story ends'? For nothing ever ends, really; stories lead to other stories, journeys across a thousand miles of ocean lead to journeys across a continent, and the meanings and interpretations of these stories are legion. 'Origins' are simply where we choose to pick up the story, dictating (and dictated by) what kind of story it is we wish to tell. 'Outcomes' are where we wearily draw to a close.

In trying to decide what 'causes' something to happen, historians can draw on a number of different theories, and fall back into a variety of positions. Most would admit that, except at the most simple level, everything has a plurality of causes. And what then happens on account of those causes becomes, in turn, the cause of something further still. Historians try to make patterns from these intricate series of events; sometimes very simple patterns, such as a narrative of 'important' men, and sometimes very complex patterns, of ideologies, economics, and cultures. There are undoubtedly patterns to be found in the past, but how much they are patterns already present, and how much they are patterns drawn by the historian, is unclear (something we will discuss further in the final chapter of this book). People in the past had their own patterns of how life worked, sometimes conscious and sometimes not. But these patterns – family, gender, political order – were also localized and particular. In drawing meaning from these patterns, historians are involved in making choices about what *they* think is important.

We have examined the different approaches historians take to the civil war as if they formed neat teams, each dressed in the ceremonial garb of his or her tribe, whether it be political, social, or cultural. This, of course, is to oversimplify the picture: any particular historian may have an interest in various forms of explanation, and may see some utility in applying both social *and* cultural forms of explanation, or looking to both the political and the economic. Indeed, we might feel that in trying to 'explain' the English civil war we might want to pick a little bit from several of these bigger stories. Nonetheless, historians do divide themselves into teams, even if they like to ascribe these divisions to others rather than admit to them personally. And when reading historians' accounts of this, or any other, historical topic, it is important to know that they do tend to adopt one of these 'tribal' positions. There is not, and will never be, one sole explanation for the war. To desire one is perhaps to miss the point of the past – that it is *complex*, and therefore demands our care and attention. Every history is provisional, an attempt to say something in the face of impossible complexity. There is a weight of responsibility here on the historian: never to try to claim that his or her account is the *only* way of telling the story. But there is responsibility for the reader also: not to discount histories, because they are imperfect, but to engage with them as the true stories they can only be.

I suggested at the beginning of this chapter that Burdett's story could be one step on the way to a longer path. But just as every journey of a thousand miles begins with one step, so also does it *end*. Burdett presents a fascinating case study in the context of seventeenth-century England and America. His faith and his circumstances led him overseas, but also back home. As a preacher – and a radical puritan one at that – he undoubtedly added to the cultural melange of conflicts and tensions present in the early modern world. But, despite the direction of his faith, on his return he took the side of the King. If Burdett can stand in for a moment for the other thousands of lives we have not examined here – and the many thousands more for which we lack detailed evidence – we can finish with one thought. Without George Burdett, there would have been no civil war; not because he was a 'Great Man', but precisely because he was *not*. Lacking the contrary decisions of Burdett, the complex stories which he found himself playing out in so individual a fashion, there would have been no conflict. History is, as Marx said, made by people in circumstances beyond their own choosing. But they *affect* those circumstances, in the lives they lead. 'Circumstances', 'history', and 'people' are not different things. They go on and on together, awaiting the historian who chooses to draw one pattern from the rest. The pattern which *I* favour is that of unintended consequences: that most, if not all, of what happens is the result of people trying to achieve certain ends, but never possessing the perspective to see what the effects will be. People do things, for reasons and within circumstances linked to their own present. But the things that they do cause ripples, spreading outwards beyond their own moment, interacting with ripples from a million other lives. Somewhere, in the patterns formed by these colliding waves, history happens.

Chapter 6
The killing of cats; or, is the past a foreign country?

The killing of cats has a *history*. That is to say, it is an activity that has changed over time, and hence can be described and analysed by historians, as can activities such as marriage, religion, eating, navigation, genocide, catching fish, cross-dressing, smelling things, and sex. A very brief history of cat killing would read something like this: in Ancient Egypt, cats were revered and honoured, and so when their masters and mistresses died, the felines were walled up in their tombs to keep them company, and thus asphyxiated. In the early Middle Ages of Europe (*c*.400–1000), cats were much less respected, and mostly died natural deaths, such as from starvation. In the later Middle Ages (*c*.1000–1450) the feline passed to the other end of the spectrum, and became associated with the devil. Kissing a cat on the anus was understood to be a common habit amongst Cathars and other heretics – or, at least, that is what their persecutors alleged. Some Cathars also believed in the demonic connection. One man claimed that when the inquisitor Geoffroi d'Ablis died, black cats appeared on his coffin, indicating that the devil had come to reclaim his own. So, in medieval times, cats were killed because they were feared, despatched by, for example, having stones thrown at them. By the seventeenth century, the public image of the cat had further deteriorated: it was understood to be the familiar of witches, and was therefore executed along with its mistress or master. In eighteenth-century France, on occasion, large numbers of cats were massacred in mock rituals by apprentices and

18. Killing cats (and mistreating other animals) in the eighteenth century. (Hogarth, *The Four Stages of Cruelty*)

others, who thought the killing very funny. In our own enlightened twentieth century we do not, of course, kill cats; except by neglect, over-feeding, and when it is for their own good.

In the last chapter we described historians as belonging to various different tribes: political, social, cultural. But we also noted that, although these labels are given and accepted by historians (used, for example, when advertising academic jobs) they are not hard and fast boundaries. There is, however, one core difference that divides all historians into two groups: those who believe that people in the past were essentially the same as us; and those who believe that they were essentially different. You might remember this division from our earlier chapters: David Hume thought that all 'men' were so much the same in every age; L. P. Hartley suggested that the past is a foreign country where they do things differently from us. Given that the death of felines does not normally cause hilarity in our present day, an account of eighteenth-century apprentices finding humour in killing cats can provide us with a good example to think through this dichotomy.

We know about what the historian Robert Darnton has labelled 'the Great Cat Massacre' from an autobiography (semi-fictionalized but generally believed to be authentic) written by a printer's apprentice called Nicolas Contat in Paris in the late 1730s. Whether or not Contat's account is literally true, Darnton argues, it nonetheless shows us a story which Contat expected to be read and *understood* by his contemporaries. Documents can show us a 'truth' beyond 'what actually happened': they can demonstrate *how* people think, the images and language and associations they can draw upon from their culture.

What Contat described was this: two apprentices, Jerome (Contat's fictional self) and Léveillé, lived and worked in a printing shop owned by their master, Jacques Vincent. The master's wife adored cats, having a favourite called *la grise* (the gray). Over several nights, Léveillé, who was a remarkable mimic, crept outside the window of his master's bedroom, and howled like a cat, thus keeping his employers awake. The mistress eventually commanded the apprentices to get rid of these awful (imaginary) cats, although warning them to avoid harming *la grise*, her pet. The apprentices set to work killing cats, every one that they could find in the neighbourhood – but began with *la grise*, hiding its body. The rest they slaughtered openly, knocking them unconscious and then sentencing them to death as part of a mock trial. They even provided the cats with a confessor before executing them! The mistress reappeared, and was convinced – but could not prove – that they had murdered *la grise*. The master turned up, and berated them for enjoying themselves killing cats rather than getting on with their work. And the apprentices laughed and laughed. 'Printers know how to laugh', Contat writes; 'it is their sole occupation'.

Contat makes it clear in his narrative that killing the cats was a way of getting at the master, and that the life of a printer's apprentice was not a very happy one. He contrasts the opulence of his employer's lifestyle with his own miserable state. Keeping cats as pets (and caring for them better than the apprentices) serves as an image to emphasize the self-indulgence of the *bourgeois* master, and his distance from the lives of his workers. But this does not really explain the wholesale slaughter, or the laughter (which occurs not only after the bloody deed, but during it too). To do that, as Darnton points out, we need to examine the varied symbolism of cats in the eighteenth century. They were still associated with witchcraft and bad luck. They were also connected to the upper orders of society – not only through their indulgence as pets, but also through folktales such as 'Puss in Boots', and perhaps because of their natural air of indolence. Torturing cats was common in several strands of European culture, as part of rituals of license and disorder. And cats were associated with women and with sex; *la chatte* having the double meaning of 'pussy' in modern English. Contat's massacre of cats made *sense* to an eighteenth-century Frenchman in a way in which we no longer respond ourselves. The apprentices, Contat tells us, would re-enact the massacre in mime on many future occasions, satirizing the reactions of the master and mistress for the amusement of their fellows. The laughter of the apprentices – for it is more a tale about humour than about cats – can be seen as part of an early-modern tradition of rebellion through mockery, a linking of riotous behaviour and humour.

We might then posit a particular 'eighteenth-century way of thinking' which associated cats with privilege, and the killing of cats with rebellion. We might also (as Darnton suggests) see links between a 'way of thinking' which delighted in slaughtering cats at a mock court with later events in eighteenth-century France. During the French Revolution, for example, the rudimentary trials and subsequent massacres of more than a thousand 'counter-revolutionary' prisoners in September 1792 by the *sans-culottes* (literally 'those without britches', but figuratively 'the have-nots'). This is not to argue that the killing of cats was a practice for the killing of men, but to suggest that there can be symbolic patterns to people's actions. The idea of there being different 'ways of thinking' in the past has had a number of labels: the 'spirit of an age' or *zeitgeist*; 'cultural consciousness'; the *mentalité* (or 'mentality') of a particular time.

It is this last term which has become most common. *Mentalité* was used originally in the first half of the twentieth century by Lucien Febvre, a French historian who started, with his friend Marc Bloch, a new kind of history known as the '*Annaliste*' approach (named after the journal they founded, called *Annales*). The Annales school had several aims. One was to shift the study of history away from political events (effecting another escape from Thucydides' tower) to questions of economy, society, and culture. Another was to try to examine much broader sweeps of history – what they called the *longue durée* (long term) – and search for deep-rooted currents in the past. Linked to this was a desire to include a knowledge of climatic change, geographical location, and lengthy economic shifts in their understanding of historical causation. This project reached its culmination in Fernand Braudel's *The*

Mediterranean, a massive book which attempts to discuss that huge geographical area over several centuries, shifting the focus of enquiry from kings and governments to the land, the people, and the sea. The Annales school drastically changed the shape of historiography on the continent, although the adoption of its broader aims has been less apparent in Anglo-American history. But the notion of *mentalité* has been hugely influential on all modern historians.

Thinking about *mentalité* arose as a way of trying to get away from the 'common-sense' approach of political history, which assumed that kings, counsellors, and governors made decisions on the same 'rational' basis as the historian (and thus allowed the political historian to judge the king as 'bad' or 'weak' when they failed to make the 'right' decisions); but also as an attempt to explain elements within the sources they examined which simply did not seem to fit with contemporary ideas of what was normal. Marc Bloch, for example, analysed the phenomenon of the 'King's Touch' – the putative ability of medieval monarchs to cure diseases through physical contact. He argued that this kind of action could not be discarded as a historical curiosity, unconnected to the serious business of government, but was an integral part of royal authority – and therefore alerts us to how very *different* medieval notions of power were from our own. Emmanuel Le Roy Ladurie (another *Annaliste* historian) used inquisition records, similar to those we met in the first chapter, to chart the *mentalité* of peasants: their beliefs on magic, ritual, friendship, family, and sex. *Mentalité* is born, therefore, from a sense that the past is very different from the present; and from trying to find a way of analysing those differences, rather than laughing at them.

What the Annales school drew upon, and what later historians have continued to utilize, were the insights of a different discipline: anthropology. Historians interested in society and culture find that they need a way of thinking about the patterns of human interaction, the *unstated* (and sometimes unrecognized) reasons why people do the things that they do. Anthropologists, who have spent their time studying and analysing other cultures, have provided useful frameworks for thinking these things through, giving historians a language for discussing ritual, the arrangement of social space, the conduct of one gender to another, and so on. *Mentalité* has become a shorthand term for summing up all of the various assumptions, practices, and rituals found in past eras.

Using the term *mentalité* involves, as I have suggested, seeing people in the past as essentially different from our own time. We shall return later to the question of whether or not this insight is correct. We should note first of all that the idea of *mentalité* also involves two other cognitive operations: dividing the span of human history into periods; and reading historical evidence in ways never intended by its creators.

As we have seen, the impossible vastness of time has, at least since the Christian era, been divided up into more manageable proportions, such as Augustine's Six Ages of Man. The broadest and most common division is that of Antiquity, Medieval (or Middle Ages), and Modern (allowing also for the nuances of late Antiquity; early, high, and late Medieval; and early Modern). An obvious but essential point: these are divisions made by human beings, and are therefore arbitrary. People living in the 'early middle ages' would not – *could not* – have given that label to themselves. As far as they were concerned, they were living in 'now', just like us. They might have had different ideas about where their 'now' was going – that it was the last step on the journey to the end of the world and God's judgement – but it was still 'now'. We look back and carve out arbitrary lines in the sand, slicing off that period from this one, cutting over two thousand years of complexity into shapes more easily digestible. I have already mentioned the large slices: Ancient, Medieval and Modern. But there are smaller slices too, which we are wont to forget: centuries and decades for example. The 'eighteenth century' is a quick way of referring to the years 1700–1799, but it is an arbitrary division nonetheless. The modern, Western calendar has only been in operation for a few hundred years, and is culturally specific (it does not, for example, follow the same years as the Jewish or Chinese calendars). Thinking in 'centuries' as opposed to, say, 'kings' reigns' has only been common in the last two hundred years or so. When Thucydides wrote his history of the Peloponnesian war, he was hampered in producing a clear chronology for his readers by the fact that different Greek cities dated their years idiosyncratically, and even had different names for the months of the year. He had to invent his own system (he numbered the years of the war one to six, and divided them into 'winter' and 'summer') whereas we have inherited our own – similarly invented – scheme.

But these lines in the sand come to have wider associations: if we want to talk about an 'eighteenth-century way of thinking', do we suppose that this changed into something else on the midnight of 31st December 1799? We talk in the West of 'the Sixties' and 'the Seventies' to indicate something we feel to be essential or particular about those decades. But again this is shorthand – and recently modern historians have started to argue that 'the Sixties' (by which they mean a set of cultural ideas and values) *really* ran from about 1964 to 1974. Similarly, other historians sometimes discuss 'the *long* eighteenth century'; that is, a century that somehow extends beyond the hundred years usually expected. This process of carving time into periods is undoubtedly useful, and perhaps unavoidable, but one needs to be wary of it. Did everyone in 'the Sixties' wear flowers in their hair, get stoned, and go to Woodstock? Did even *most* of the people do those things? If not, why do we choose this mode of life – this *mentalité* – as the 'key' image for that decade?

Recently, there was concern in much of the developed world about possible disasters occurring in the year 2000, because it marks a millennium. Some of these worries are extreme, such as those of the 'Heaven's Gate' cult members who chose to commit suicide in the United States, believing that God's judgement was nigh. Others are seen as fairly rational, such as concerns about computer chips failing because of an inability to cope with the new date. We might, however, remember that people living before the year 1000 also experienced a degree of worry – probably more so, in fact, given that a belief in God's plan to draw human history to a close was rather more firmly held in those days. And we could also contemplate the fact that 'the year 2000' (microchip design faults notwithstanding) is a human invention, based on an arbitrary calendar only recently brought into use by one part of the world's population. What is it, exactly, that we think alters within ourselves when the year changes from '99' to '00'?

This does not mean, however, that the arbitrary division of time into periods is irrelevant to human life and history. Although the date of the millennium is arbitrary, it has undeniably affected how people behave. It has been talked about in detail on radio, television, and the Internet. It leads different people to hoard food, or to find a god, or to lose their faith, or to get very drunk, or to conceive children. It has been on our minds – part of our *mentalité*, perhaps. But it presumably will not be on the minds of people at the end of the twenty-first century, or at least will not be thought about in quite the same way. Similarly, people in the eighteenth century *did* think (and therefore act) differently from ourselves, on certain topics at least. Periodization – the division of time into smaller units – may lure us into false patterns of thought, but it is perhaps unavoidable as a way of viewing the past, and may help us to capture something of how people change over time.

To get at different ways of thinking, different *mentalités*, requires a careful use of source material. It may demand, as I have suggested, reading the material in a way in which its creators never intended, for meanings they never considered. This is often called 'reading against the grain' by modern historians; 'the grain' being the direction and argument the source *wants* to take. It should be fairly obvious that for an historian to read certain sources necessarily involves using them in a different way from their creators. For example, when fifteenth-century

Florentine officials created a massive tax record, called the *catasto*, their purpose was the financial government of their city. Modern historians have, however, taken this vast source and entered its information onto a computer database. This allowed them to see patterns in the evidence that the Florentines could never have spotted (having neither the interest nor the time): patterns of marriage, life cycle, family, gender, and the division of labour.

But other sources may be more problematic. Take, for example, John of Salisbury's *Policraticus*, a book of political philosophy written in the twelfth century. The idea of the *Policraticus* was to provide a model for royal government, and (unlike tax records) it was designed to be read by other people, not only from the author's time but in later years also. Historians can, however, read the *Policraticus* in a different way: noting John of Salisbury's use of 'the body' as an image of society (the King as the head, his counsellors as the heart, peasants as the feet and so on), they can argue that the symbol tries to provide a 'natural' and static image of medieval society, and can link this to other, frequent, uses of 'body' images in medieval culture, perhaps thus identifying a medieval *mentalité*. John of Salisbury did not 'know' that he was writing about symbolic bodies – he thought he was writing about politics. But historians can find other meanings in his text. Does this give us pause for doubt? How would we feel if some later impertinent scholar read our letters, our diaries, our emails, and argued that we did not 'know' what we were revealing when we wrote?

We might feel indignant (though, of course, we would also be dead). But one should note that whether we like it or not, texts have lives that continue to change and alter *after* the death of the author, whether or not historians get involved. The *Policraticus*, for example, was read by later writers of political theory, and they used it in rather different ways, taking other meanings from it. At a certain point it became not a model for good government, but an interesting anachronism from a past age, which allowed more 'modern' thinkers to provide better models. This process of texts changing in meaning is not confined to learned books: you may have heard the American songwriter Bruce Springsteen's track *Born in the USA*. This was written as a protest song, about the after-effects of the Vietnam War on American servicemen, and the way in which their society had failed them. It was, however, quickly appropriated as an anthem of patriotic pride by the right-wing Reagan administration. This is the way of things: write, sing, say *anything* and it can come to mean something different. It might also tell the audience something about the author, of which the author is not fully aware. This book, as much as any other, may well display my unconscious prejudices, and perhaps those of my generation. Why have I chosen the *particular* historical examples I have used in these chapters? Obviously because I thought they were interesting, and worth thinking about; but they were *my* choices, made at a particular moment in time, within a particular cultural context.

Reading sources 'against the grain' is, then, not only permissible but probably essential, if we wish to get at not only 'what' people thought, but also *how* they did their thinking. The language and images and symbols found in documents have become of increasing interest to historians in the last two decades, in part because of the influence of literary theorists on the historical profession. Words used as insults, in different times and places, can for example show fascinating changes in culture: in the Middle Ages you might be called a 'dog' or a 'goat'; in the early modern period, one is more likely a 'jade' or 'rogue'. The former comes from the rural context, and the symbolism of animals; the latter, from ideas about sexual and social honour. But there is another problem here, again one of language. When the historian comes to write his or her true story, how does he or she translate a past *mentalité* for a modern audience? Whose words do you use to explain the source (and therefore the past): those of the dead, or those of the living?

The words of the dead can be tricky. Sometimes they are the same as, or similar to, our words, but mean different things: 'farm', for example, meant a rent or tax for medieval people, and in the early modern period 'lewd' (or 'lewed') indicated a lack, not of civility, but of learning. A similar problem will presumably affect later historians when they look back at the 1980s and discover various things contrarily described as 'bad' or 'wicked'. Contat's apprentices describe their master as 'bourgeois', but this pre-dated and was not the same as Karl Marx's more familiar use of the term.

Furthermore, to describe something 'as people in the past would have understood it' really means to describe events as *particular* historical people understood them, or wished them to be understood. The medieval chroniclers who recorded the English uprising of 1381 describe a mindless revolt by people acting like 'animals' – but this is not how the rebels saw matters (they thought they were acting as good English subjects, appealing to the king). Contemporary English reports of the French Revolution depict a similarly barbarous picture of the *sans-culottes*, afraid that 'the mob' might also rise up on their side of the Channel; again, however, the Revolutionaries thought they were fighting for liberty, equality, fraternity.

The historian needs to be aware of the nuances of past language – understanding, for example, the changing focus and sense of a tricky word such as 'rights' in different times and places – but must not become a slave to archaic vocabulary. 'Democracy' was born in ancient Athens, or so we like to believe; but no historian of antiquity would equate the government of that city with twentieth-century representative politics. The founders of the American Constitution spoke of 'rights' in universal and 'natural' terms ('We hold these truths to be self-evident . . .'), but they did not believe that women or the poor should have the vote, and they owned slaves. They were not complete hypocrites, but partly products of their time, and of what they took for granted in their world. It is, however, much easier to take something for granted – such as slavery – if it benefits you personally. Indeed not every eighteenth-century American supported slavery, and some political radicals were extremely critical of the practice. The words of the time are, once again, the words of *particular* groups of people, and are thus implicated in struggles of power.

The words of the living can also, however, cause us problems. Using modern labels to describe the past can be dangerously anachronistic, particularly if those labels refer to concepts which, although recently invented, lay claim to universal applicability across time and culture. Describing Renaissance Italian city-states as 'democratic', because they allowed certain citizens to elect particular officials, is to apply very modern associations of what is right and just – two other troublesome words – to a distant situation. Contemporaries would have talked of 'the common good', of 'good government', having their own models of how things were best run. Other words can be much more tricky: 'to fall in love' with someone perhaps carries, for us, images of shooting stars, soul-mates, eyes meeting, hearts beating as one. This notion of 'love' was an invention of the nineteenth century; people 'loved' in previous times, but their ideas of what that involved and meant were different, less involved, for example, with the linking of two individuals and more aware of how different families would be drawn together by marriage. This is not to deny emotion to past people – but to allow them *their* emotions, rather than to transpose onto them our own.

Sometimes it is undeniably useful to apply particular words backwards across time, allowing the historian to sum up some process or state that was only half seen by contemporaries. The danger here, however, is when the reasons for coining a term are forgotten, and repeated usage hardens it into something taken for granted and unexamined. Historical periods and events are particularly prone to this process: 'the Renaissance' and 'the Enlightenment', for example, can gain a false coherence and solidity through the familiarity of their use. Even something as prosaic as 'the English Civil War' causes problems: some historians argue that other terms, such as 'Revolt' or 'Revolution' would serve better (and mean something rather different). And, in any case, there was not one single war, but rather a series of conflicts – at least three English civil wars during the course of the seventeenth century. Another example of a tricky word is the term 'feudalism', used to describe the medieval social hierarchy of people bound by a combination of land-holding and accompanying duties. This word was a much later invention, and as various people have argued, it obscures the various arcane and disparate combinations of land-duties, wages, customs, and laws found in the Middle Ages. Nonetheless, it continues to be used; perhaps, simply, because it is a useful shorthand.

This returns us to the idea of *mentalité*, which is a shorthand for something about the culture of an age and how it affects people's thoughts and actions. I suggested above that one thing that divides historians is whether they believe people in the past were essentially the same as us, or essentially different. There is perhaps a further question: whether, when using a term like *mentalité*, a historian thinks that there is a unitary pattern to the thoughts of a particular period; whether people in, say, the sixteenth century are different from us, but different from us *in the same way*. To talk of a 'sixteenth-century way of thinking' or a 'sixteenth-century *mentalité*' can be to suggest that there is an essence of 'sixteenth-century-ness', a key or core which the historian can identify. If there *is*, this leads to a further question: if they are so different from us, how is the historian able to understand them at all?

It has been suggested that despite changes over time, there are certain things which all human beings experience throughout history, which therefore link us together: birth, sex, and death. (In fact, one could presumably also argue in this line that all human beings have experienced tiredness, headaches, and indigestion, but since these do not seem as dramatic or philosophical, we will pass over them). From these key moments of humanity, it is claimed, we can build a true understanding of past lives; stepping into their heads and thinking their thoughts once again.

The problem with this is that two of those three key moments we do not *experience* ourselves, at least not in any way we can report (I have never heard anyone describe, in convincing terms, the feeling of being born or what it is like to be dead). We have other people's experiences of observing or interacting with these moments – and here history enters once again, as these things have changed over time. Birth, for example: how women got pregnant, how they understood the process of gestation, who would be present at the birth, the rituals around birth, the treatment of new-born infants – all of these things have varied over time and place. Some ancient theories of conception maintained that only the man's seed was essential, and that the woman was simply a vessel. Certain medieval doctors thought that the woman supplied 'seed' also, and some believed that the woman had to have an orgasm in order to conceive. But, by the nineteenth century, men had somehow forgotten that women could have orgasms. Caesarian deliveries were occasionally performed in the Middle Ages, but carried with them connotations of the devil, as the child would be 'not of woman born'. Nowadays they are very common in Western societies. In the past, infants were sometimes deliberately left alone outside overnight, to see whether they were strong enough to survive (because who wants to feed an extra mouth if the child will not live very long?). In recent times, people have been arrested for leaving their children alone for less than an hour.

Death – other people's experience and understanding of death – has also varied enormously. Pre-Christian warriors hoped to meet a quick, short death, hopefully heroically in battle. Christian knights wished for long deaths, so that they would know what was coming and would have time to prepare their earthly goods and their souls. Some people used to think it was fitting and honourable to eat people as a form of burial. Some other people thought it was reasonable to lock up fellow human beings in camps in their millions and to kill them systematically. Enemies of those people thought it was a good idea to drop bombs so powerful they could kill hundreds of thousands of individuals in an instant. Some of the people who died would have thought that their souls were going to be reborn in new bodies; others thought they would live in a world beyond this world; still more thought that nothing further would happen, that death was a big full stop.

The point here is that whilst it is true that every person in every time is born and will die, their ideas about those processes vary so wildly that it is difficult to see any 'essence' there, for a historian to hang on to. Sex (which, in any case, not every person experiences, either through choice or chance) is even more chaotic. Every single period of history has had its own ideas about what combinations of age, gender, colour, position, purpose, and duration are desirable, possible, permissible, and respectable.

But so too has every human being alive today. Certainly, we tend to group together in our preferences and prejudices, and our individual imaginations are maybe not so large. But collectively we are multiple, complex, and extraordinary. I suggested at the beginning of this chapter that we, in the twentieth century, do not kill cats and find it funny. In general, of course, this is true; but it is also not the whole story. Although I've never seen it happen, I have read sufficient accounts of American teenagers torturing cats with fireworks, because they thought it funny, to suspect that this has occurred in reality. The problem – but perhaps also the solution – with *mentalité* is that the people of the past are as different from us as we are *from ourselves*. At certain moments they – and we – cohere around different patterns of behaviour, and the historian can certainly seek out those patterns; but they are neither entirely the same nor entirely different from us. Perhaps one of the things historians might do is help us to reflect on both parts of that statement, to look at the past to help us see the present anew.

This raises the question of what we think history is *for*, and why we ought to bother to do it. In the next chapter we will think some more about truth and interpretation, and why history matters.

Chapter 7
The telling of truth

On the morning of 28th May 1851, in a crowded church in Akron, a woman, an ex-slave who called herself Sojourner Truth, stood up to address the Ohio Woman's Rights Convention. There are two accounts of what Sojourner Truth said. Here (slightly edited for space) is the first:

> May I say a few words? . . . I am a woman's rights. I have as much muscle as any man, and can do as much work as any man. I have plowed and reaped and husked and chopped and mowed, and can any man do more than that? I have heard much about the sexes being equal; I can carry as much as any man, and can eat as much too, if I can get it. I am as strong as any man that is now. As for intellect, all I can say is, if a woman have a pint and a man a quart – why cant she have her little pint full? You need not be afraid to give us our rights for fear we will take too much, – for we cant take more than our pint'll hold. The poor men seem to be all in confusion, and dont know what to do. . . . I have heard the bible and have learned that Eve caused man to sin. Well if a woman upset the world, do give her a chance to set it right side up again. The lady has spoken about Jesus, how he never spurned woman from him, and she was right . . . And how came Jesus into the world? Through God who created him and woman who bore him. Man, where is your part? . . . But man is in a tight place, the poor slave is on him, the woman is coming on him, and he is surely between a hawk and a buzzard.

and here (also edited) is the second:

> Well, chillen, whar dar's so much racket dar must be som'ting out o'kilter. I tink dat, 'twixt the niggers of de South and de women at de Norf, all a-talking 'bout rights, de white men will be in a fix pretty soon. . . . And ar'n't I a woman? Look at me. Look at my arm . . . I have plowed and planted and gathered into barns, and no man could head me – and ar'n't I a woman? I could work as much and eat as much as a man, (when I could get it), and bear de lash as well – and ar'n't I a woman? I have borne thirteen chillen, and seen 'em mos' all sold off into slavery, and when I cried out with a mother's grief, none but Jesus heard – and ar'n't I a woman? When dey talks 'bout dis ting in de head [intellect], what's dat got to do with woman's rights or nigger's rights? If my cup won't hold but a pint and yourn holds a quart, wouldn't ye be mean not to let me have my little half-measure full? . . . Den dat little man in black dar [a minister], he say woman can't have as much right as man 'cause Christ wa'n't a woman. *Whar did your Christ come from?* . . . From God and a woman. Man had noting to do with him.

The first account was written by Marius Robinson, a white man who edited the Salem *Anti-Slavery Bugle*. He published his version in that newspaper in June 1851. The second account was published in another paper, the New York *Independent*, in April 1863. It was written by a white feminist writer, Frances Dana Gage. The two versions also present different audiences for Truth's speech. Robinson (and indeed other sources) indicates a meeting of people who supported the call for women's rights, and who listened respectfully. Gage tells of a hostile crowd, of pompous men and timid women, including some who did not want questions of slavery and race to be combined with calls for women's rights. So which account is the truth?

We still have some other questions lingering from the previous chapters: whether historians can understand and gain access to past lives; whether the tales they write are '*true* stories'; and what the point of history might be. I think we can make good on those promises, before this short book closes; and I think we can start by trying to answer the question above.

Sojourner Truth was born Isabella Van Wagenen in about 1797, in Ulster County, New York. She was the child of slaves, owned by a colonel who had fought in the American Revolution. By the age of about 30 she was a free woman, although her children remained enslaved. She was devoutly religious, illiterate, and obviously possessed of a powerful character. She adopted her new and resonant name in 1843, became involved in the abolitionist movement, the American Civil War, and the fight for women's rights. Details of her life are found in the *Narrative of Sojourner Truth*, an autobiography she dictated and published in several versions. She became a woman of some fame during her life (meeting three different American presidents), and has become a symbol of African-American resistance and feminist protest, remembered chiefly now for the 'Ar'n't I a woman?' speech.

We have other accounts of the lives of slaves and ex-slaves from the nineteenth century, many written or dictated by the people themselves. One might then try to reconstruct a *mentalité* for black Americans at that time, a mode of shared thought and language, and thus decide which account of the speech at Akron fits better within this model. This might lead us towards preferring Gage's account: it is written in dialect (for surely an illiterate black woman would not speak the accurate English of the first account?), it shows what might be an 'authentic' lack of familiarity with abstract concepts such as 'intellect', and it resounds with a poetic ring of oral performance ('Ar'n't I a woman?') that connects with black American traditions of religious preaching.

But the problem with *mentalité* as a concept is that it can flatten out all difference, mould the complexity of human idiosyncrasy into *one* picture of what is 'normal' for a time and place. And these elements of 'normality' are necessarily drawn from sources, usually written

19. Sojourner Truth

documents, which are themselves *representations* of how people spoke, thought, and behaved. The historian Nell Irvin Painter, biographer of Sojourner Truth, tells us that Truth did not, in general, like having her words reported in dialect. Whereas we might see the phonetic spelling as representing authenticity, Truth suspected it belittled the meaning of what she had to say. To decide that the second account of the Akron speech is true, because it looks more like the words we would expect from an uneducated black woman, is to dissolve the individual Sojourner Truth into a melting pot of 'black woman-ness' – and to fail to ask ourselves how we have come by our expectations. This is not to say that one cannot attempt a more nuanced and subtle reconstruction of *mentalité*, but the dangers of assuming that there is *one* mode of thought remain. *Mentalité* may obscure variation and difference; it can also hide the existence of struggle and conflict. Sojourner Truth was engaged in just such a struggle: at heart, to get white men to think *differently* about gender and about race.

In trying to decide which account is true, but also to understand Sojourner Truth as a historical actor, the historian might be seen as caught between two roles. On the one hand, the imaginative recreator of past events: asking him or herself 'if *I* had been in that church, what would I have heard said? What would it have meant to me?' On the other, the hardened detective, demanding of the sources 'which one of you is lying to me?' Anglo-American historians have been fond of depicting this dichotomy as a conflict between History as Art and History as Science, asking within which camp our subject truly belongs. But this is, and always has been, a silly question, that wilfully misunderstands the nature of both art and science, pretending that the latter involves no imagination or insight, and that the former contains no close observation or methodical craft. It also polarizes two kinds of knowledge: a truth that is grounded in meaning and perception, and a truth that is based on inert fact and prosaic 'reality'. Put another way, it is to ask the age-old question of whether historical knowledge is subjective (dependent on the observer) or objective (independent of the observer).

If we took up the 'detective' position, we would probably decide that the first account of the Akron speech is true. It was written very close to the time of the event, the writer knew Sojourner Truth well, and had an ear for language, such that (as Painter argues) he was unlikely to have missed a fourfold refrain of that beautiful phrase 'Ar'n't I a woman?' Robinson's is the account that most historians now accept as the truth, following this kind of careful analysis of the evidence.

However, the image of the historian as detective (so beloved by generations of writers) omits the final chapter of the crime story: the courtroom scene. Whilst the detective attempts to decide which account is right and which is wrong, the tale is only done when the jury has delivered its verdict. For the audience to the battle of truth and falsehood must also decide the *import* of the conflicting stories. And in history, unlike in law, the same case can be re-tried many times. This is to suggest two things: first, that the polarity of fact and meaning is untenable, as no 'fact', no 'truth', can be spoken outside a context of meaning, interpretation and judgement. Secondly, that truth is therefore a process of *consensus*, as what operates as 'the truth' (what gets accepted as 'the *true* story') relies on a general, if not absolute, acceptance by one's fellow human beings.

It is likely that Robinson's account of Sojourner Truth's words is more accurate than Gage's poetic version. But Gage's retelling may capture something different about that woman, how she acted and was perceived by those who knew her. Finally, however, *we do not know*. The historian can imagine him or herself back in that church, and can try to examine the sources with all necessary diligence, care, and open-minded sympathy. But he or she cannot actually *be* there. And if he or she could, there is no guarantee that what the historian heard issue from Truth's lips would match exactly what every other soul in that audience thought they heard. As every detective and historian knows, accounts that match exactly usually indicate collaboration in composition rather than independent reporting. Robinson's and Gage's accounts correspond on most of the matters that Truth spoke about, although they differ in order of topic and the words used. So what we are struggling with here is a matter of feeling and meaning.

To decide 'which version is True' is also to turn one version into detritus, something to be discarded. But do we want to discard something as beautiful as 'Ar'n't I a woman'? This is not to suggest that historians should not aim at truth, for, if nothing else, *true* stories are more likely to persuade the jury to consensus. But it is to argue that if we ask for one, sole, monolithic Truth, we may silence other possible voices, different histories.

This is more than a romantic caveat, for the process of silencing other historical stories has been predominant for more than two thousand years. Thucydides' tower of political history shut out the sound of other voices, other pasts, although (as we have seen) there have been partial escapes from those walls at various times. The tower only fell, however, in the twentieth century, and fell most completely in the last thirty years. Political history and the narrative of events now take their respected places alongside *other* true stories, the stories of the vast majority of the people from all times, places, and cultures. Social history has been transformed from 'history . . . with the politics taken out' (as the British historian G. M. Trevelyan once described it) to a lively, argumentative and powerful field, combining the insights of Marxism, anthropology, sociology, and annaliste *mentalité* to produce an understanding of the everyday lives of past peoples, and how these lives combine to affect 'what really happened'. It should be clear by now that the actions of the general populace have just as much to do with 'big' events as decisions made by a small group of elite kings, politicians, and rulers: without the George Burdetts, there would be no colonization of

America; without the *sans-culottes*, no French Revolution; without the Sojourner Truths, no abolition of slavery.

But social history has also given birth to further questions. In the post-war period, feminist historians began to question whether women were satisfactorily contained within the term '*man*kind', and to investigate whether women might be said to have had their *own* history. Studies of the position of women in the middle ages and the early modern period chart a rather different story of struggle from the progressive narrative of men's affairs. Women in the late fourteenth century, for example, almost certainly had more choices, freedoms, and economic independence than their sisters in the late fifteenth century. The project of women's history, which originally aimed to recover the voices of those originally 'hidden from history', has in recent years also led to new questions about the relationships between the sexes, the patterns to which gender conforms in different periods, and the ways in which these things affect other areas of life and politics. The manner in which one is expected to 'be' a woman, and indeed to 'be' a man, has changed across time, and has informed other patterns of behaviour, from the ways in which Queen Elizabeth I of England controlled her realm, to the training in the English public schools of muscular Christian chaps who would form an officer class in the First World War.

Black historians, particularly in the United States, have engaged in their own recovery of voices hidden in the past, finding that there is a wealth of evidence not only for the conduct of slavery from the masters' viewpoint, but also the songs, accounts, and autobiographies of black people (not all, in any case, slaves) themselves. As with gender, 'race' – as a way of thinking and looking – has become a productive category for investigation, to see how people have understood and legitimized their subjection of other people, and how those thus enslaved or colonized have negotiated the experience. These histories have sought to challenge the monotone voice of traditional history, not only to find a place for other viewpoints and other stories, but also to make historians realize how much they unthinkingly take for granted. Since historians tend to pride themselves on their ability to question *everything*, this can only be a good thing. The most recent example has been those historians who have investigated the histories of gay and lesbian people. Apart from the importance of finding that such people did indeed exist in the past (one can find, for example, the interrogation of a gay man in a medieval inquisition register), an investigation of people's sexual identities and behaviours across time also challenges a lot of contemporary assumptions about what is 'normal' and 'natural'. The ancient Greeks, to pick an obvious example, did not appear to see men-having-sex-with-men, and men-having-sex-with-women, as two opposite and polarized kinds of behaviour. The terms 'homosexual' and 'heterosexual' (and, for that matter, 'gay' and 'straight') would have made no sense to them.

To return to the question of Truth, by way of these thoughts, the danger in deciding in favour of one account against another is that it aims to mould 'history' into a *single* true story. This is the logic too of seeking an 'objective' or 'scientific' history – neither of which is possible, in the way that they're meant to be. Both are attempts by subjective historians (with their own prejudices, class interests, sexual politics) to present *their* version of events as the only possible version. But the idea of a single true story – of History, with a capital H – remains tremendously attractive, and hence tremendously dangerous. Newspapers talk daily of how 'History' will judge politicians or events; politicians argue for foreign policy on the basis of 'what History shows us'; warring factions across the globe justify their killing on the basis of 'their History'. This is History with the people left out – for whatever has happened in the past, and whatever it is made to mean in the present, depends upon human beings, their choices, judgements, actions, and ideas. To label the true stories of the past 'History' is to present them as having happened independent of human interaction and agency.

None of this, however, means that historians should abandon the 'truth' and concentrate simply on telling 'stories'. Historians must stick with what the sources make possible, and accept what they do not. They cannot invent new accounts, or suppress evidence that does not fit with their narratives. But, as we have seen, even abiding by these rules does not solve every puzzle left by the past, and cannot produce a single, uncomplicated version of events. If we can accept that 'truth' does not require a capital 'T', does not happen outside human lives and actions, we can try to present truth – or rather *truths* – in their contingent complexity. To do any less is both to let down ourselves, and the voices of the past. In telling the tale of Sojourner Truth, we may well present the reasons why Robinson's account of her Akron speech is likely to be the more accurate (explaining the processes whereby we reach that judgement); but we should also tell of Gage's version, and place both into the wider 'truth' of what the words and actions of that remarkable woman meant and came to mean. We should also point to what we do not, and cannot know: the magic of hearing Sojourner Truth's oral poetry, which can be reported but not recreated. Dead voices must be allowed to keep their silences too.

What I am suggesting here is complex, but its importance demands a careful reading. To relinquish 'Truth' and the idea of *one* history does not lead to absolute relativism, where any version of events is taken as being equally valid as any other. It does not, for example, give succour to those charlatans and ideologues who seek to deny that the Holocaust ever happened. The evidence for the systematic murder of more than six million people by the Nazis is overwhelming. To try to argue that it never occurred is to violate the voices of the past, to suppress that evidence which goes against the twisted thesis. The same is true for less fraught examples: dispensing with 'Truth' does not mean dispensing with accuracy and attention to detail, and to suggest for example that the colonization of the New World never happened would be equally untenable. So too would it be to claim that this colonization was not bought in part by the untimely deaths of colossal numbers of native Americans.

However, to argue about what the Holocaust *means* is somewhat more complex. The consensus is rightly so strong on this topic that we know the Holocaust to have been an act of astounding evil. We may well decide that it was the *most* evil act ever perpetrated by human beings on fellow people. But even when agreeing with this judgement, we should take care over whether we are preventing ourselves from asking further questions, and thus turning the Holocaust into an impassable barrier, not only for morality but also for enquiry. For example, by whom was this abomination committed? If our answer is 'Adolf Hitler', we may lose sight of those Germans, Austrians, French, Swiss, and others who actively participated or passively colluded in the crime. If we examine the anti-Semitism of Germany alone, we hide the anti-Semitic and fascist elements within other countries of the period (for example, the pre-war English fascists led by Oswald Mosley). These complexities do not diminish the horror and the atrocity of what was committed in German concentration camps – but they will hopefully lead us to a better understanding of what human beings (not monsters) were capable. A better understanding of *ourselves*.

So if history is so complex, so *difficult*, and not totally secure, why do it? Why does history matter? It is sometimes suggested that we should study history to learn lessons for the present. This strikes me as problematic. If we mean by this that history (or History) presents us with lessons to be learnt, I have yet to see any example of anyone paying attention in class. Apart from anything else, were these lessons (patterns, structures, necessary outcomes) to exist, they would allow us to predict the future. But they do not; the future remains as opaque and exciting as ever it did. If, however, we mean that the past presents us with an opportunity to *draw* lessons for consideration, I am more persuaded. Thinking about what human beings have done in the past – the bad and the good – provides us with examples through which we might contemplate our future actions, just as does the study of novels, films, and television. But to imagine that there are concrete patterns to past events, which can provide templates for our lives and decisions, is to project onto history a hope for certainty which it cannot fulfil.

Another suggestion, mentioned at the beginning of this book, is that history provides us with an identity, just as memory does for an individual. This is certainly true as a phenomenon: various groups, from Protestant Ulstermen to Inuit Indians, lay claim to past events as a basis for their collective identities. But it is also a danger, as the bloody conflicts between different ethnic groups across Europe surely attest. We can lay claim to the past for part of our identity, but to become imprisoned by the past is to lose something of our humanity, our capacity for making different choices and choosing different ways of seeing ourselves.

It is also sometimes thought that history can show us some deep, fundamental insights into the human condition; that sifting through the past we may discover some intrinsic thread to our lives. Ranke's 'only to say, how it really was' can also be translated as 'only to say how it *essentially* was'. Historians have long been charged with the job of divining 'essences', to human nature, God, situations, laws, and so on. But are 'essences' of any use to us now? Do we believe in any 'essential' links between different peoples and times? If we do, it is because we wish to present universal human rights, we wish to hang on to decency and hope. And as well we should. But the historian is not, and should not be, of much use here: the historian can remind us that 'human rights' are a historical invention (no less 'real' for all that) just as are 'natural law', 'property', 'family', and so on. 'Essences' can get us into trouble, as when we come to believe that the term 'man' can always stand in for 'woman' also; or when we think that different 'races' have intrinsic characteristics; or when we imagine that *our* mode of politics and government is the only proper pattern of behaviour. So the historian might take on another job: as reminder to those who seek 'essences' of the price that might be exacted.

I want to suggest three alternative reasons for doing history, and for why it matters. The first is simply 'enjoyment'. There is a pleasure in studying the past, just as there is in studying music or art or films or botany or the stars. Some of us gain pleasure from looking at old documents, gazing at old paintings, and seeing something of a world that is not entirely our own. I hope that if nothing else, this short introduction has allowed you to enjoy certain elements of the historical past, that you have gained pleasure in meeting Guilhem de Rodes, Lorenzo Valla, Leopold von Ranke, George Burdett, and Sojourner Truth.

Leading on from this is my second reason: using history as something with which to think. Studying history necessarily involves taking oneself out of one's present context and exploring an alternative world. This cannot help but make us more aware of our own lives and contexts. To see how differently people have behaved in the past presents us with an opportunity to think about how *we* behave, why we think in the ways we do, what things we take for granted or rely upon. To study history is to study ourselves, not because of an elusive 'human nature' to be refracted from centuries gone by, but because history throws us into stark relief. Visiting the past is something like visiting a foreign country: they do some things the same and some things differently, but above all else they make us more aware of what we call 'home'.

Lastly, my third reason. This again is connected with the first two: to think differently about oneself, to gather something of how we 'come about' as individual human beings, is also to be made aware of the possibility of doing things differently. This returns me to a point made in the first chapter of this book: that history is an argument, and arguments present the opportunity for *change*. When presented with some dogmatist claiming that 'this is the only course of action' or 'this is how things have always been', history allows us to demur, to point out that there have always been *many* courses of action, *many* ways of being. History provides us with the tools to dissent.

We must bring this short book to a close. Now that I have made the introductions ('Reader, this is history; history, this is the reader') I greatly hope you will continue your acquaintance.

There is a writer I much admire, an American novelist called Tim O'Brien. He spent time as a soldier in Vietnam, and his writing struggles with the possibility and impossibility of telling a 'true war story', and what that might mean. He captures, much better than myself, the tremendous importance of the paradox within that phrase. To him, then, we give the last words:

'But this is true too: stories can save us'.

References

Chapter 1

Douglas Adams, *Life, the Universe and Everything* (London, 1985)

Michael Clanchy, *From Memory to Written Record: England 1066–1307*, 2nd edition (Oxford, 1993).

Annette Pales-Gobilliard (ed.), *L'Inquisiteur Geoffroy d'Ablis et les Cathares du Comté de Foix (1308–1309)* (Paris, 1984).

Chapter 2

Jean Bodin, *Method for the Easy Comprehension of History* (New York, 1966).

M. H Crawford and C. R. Ligota (eds.), *Ancient History and the Antiquarian: Essays in Memory of Arnaldo Momigliano* (London, 1995).

Antonia Gransden, *Historical Writing in England c.550 to the early sixteenth century*, 2 vols. (London, 1974).

Louis Green, 'Historical Interpretation in Fourteenth-Century Florentine Chronicles', *Journal of the History of Ideas* 28 (1967).

Gerald A. Press, *The Development of the Idea of History in Antiquity* (New York, 1982).

Beatrice Reynolds, 'Shifting Currents in Historical Criticism', *Journal of the History of Ideas* 4 (1953).

Richard Southern, 'Aspects of the European Tradition of Historical Writing' I – IV, *Transactions of the Royal Historical Society*, 5th series, 20–23 (1970–1973).

William of Malmesbury, *Chronicle of the Kings of England* (London, 1866).

Chapter 3

Stefan Berger, Mark Donovan and Kevin Passmore (eds.), *Writing National Histories: Western Europe since 1800* (London, 1999).
Peter Burke, *The Renaissance Sense of the Past* (London, 1969).
Edward Gibbon, *The History of the Decline and Fall of the Roman Empire* (London, 1910).
David Hume, *Enquiries Concerning Human Understanding and Concerning the Principles of Morals* (Oxford, 1975).
G. G. Iggers and J. Powell (eds.), *Leopold von Ranke and the Shaping of the Historical Discipline* (Syracuse, NY, 1990).
Donald R. Kelley, *Foundations of Modern Historical Scholarship: Language, Law and History in the French Renaissance* (New York, 1970).
Stan A. E. Mendyk, *Speculum Britanniae; Regional Study, Antiquarianism and Science in Britain to 1700* (Toronto, 1989).
Arnaldo Momigliano, *Studies in Historiography* (London, 1966).
Peter Hans Reill, *The German Enlightenment and the Rise of Historicism* (Berkeley, 1975).
The Works of Voltaire; a contemporary version, trans. W. F. Fleming (New York, 1927).
Leopold von Ranke, *The Secret of World History: Selected Writings on the Art and Science of History,* ed. R. Wines (New York, 1981).
Hayden White, *Tropics of Discourse: Essays in Cultural Criticism* (Baltimore, 1978).

Chapter 4

Calendar of State Papers, Colonial Series 1574–1660, ed. W. Noel Sainsbury (London, 1860), vol. I.
Calendar of State Papers, Domestic Series, ed. John Bruce (London, 1858–93).
Great Yarmouth Assembly Book 1625–1642 [NRO, YC 19/6].

The Journal of John Winthrop 1630–1649, eds. R. S. Dunn, J. Savage and L. Yeandle (Cambridge, MA, 1996).

Letter of George Burdett to Archbishop Laud, December 1635 [PRO, CO1/8/88].

The New England historical and genealogical register, 1847–1994, New England Historic Genealogical Society (Boston, 1996) CD-ROM collection.

Richard Cust, 'Anti-Puritanism and Urban Politics: Charles I and Great Yarmouth', *Historical Journal* 35, 1 (1992), 1–26.

Jacques Rancière, *The Names of History* (New York, 1993).

Roger Thompson, *Mobility and Migration: East Anglian Founders of New England 1629–1640* (Cambridge, MA, 1994).

I have not dealt with all of the available evidence in this chapter: there is more colonial material on Burdett, and further details on his English court cases than I found space to discuss here, including a reference in a list of Cambridge alumni that states that he died in Ireland in 1671.

References to Chapters 5 to 7 are included within the 'Further Reading' section.

Further Reading

Chapter 1

On inquisitors and Cathars, see Malcolm Lambert, *The Cathars* (Oxford, 1999), or Michael Costen, *The Cathars and the Albigensian Crusade* (Manchester, 1997). For more details and stories about life in the Pyrenees, there is Emmanuel Le Roy Ladurie, *Montaillou; Cathars and Catholics in a French Village 1294–1324* (London, 1980). This gets it rather 'wrong' some of the time, but is nonetheless interesting and entertaining. For further thoughts on who history is 'for', see Keith Jenkins, *Re-Thinking History* (London, 1991).

Chapter 2

Herodotus, *The Histories* (Harmondsworth, 1954) is much more fun to read than Thucydides, *History of the Peloponnesian War* (Harmondsworth, 1972), although the speeches in the latter can fascinate. For more detailed accounts on the history of history, see Denys Hay, *Annalists and Historians; Western Historiography from the VIIIth to the XVIIIth Century* (London, 1977); Beryl Smalley, *Historians in the Middle Ages* (London, 1974); Alain Schnapp, *The Discovery of the Past: the Origins of Archaeology* (London, 1993); Peter Burke, *The Renaissance Sense of the Past* (London, 1969). Arnaldo Momigliano, *The Classical Foundations of Modern Historiography* (Berkeley, 1990) is a very readable argument about the relationship between ancient and modern historiography. In trying out medieval and renaissance historians, one might begin with Richard Vaughan (ed.), *The Illustrated Chronicles of Matthew Paris* (Stroud, 1993); Jean Froissart, *Chronicles* (Harmondsworth, 1968); Niccolo Machiavelli, *History of Florence* (New York, 1960).

Chapter 3

Eighteenth-century authors – Gibbon and Voltaire in particular – are still a pleasure to read. On the developments, and their contexts, addressed in this chapter, see Norman Hampson, *The Enlightenment* (London, 1968); Anthony Grafton, *The Footnote; a Curious History* (London, 1997); Roy Porter, *Edward Gibbon: Making History* (London, 1988); Peter Novick, *That Noble Dream: the 'Objectivity Question' and the American Historical Profession* (Cambridge, 1988). For one description of twentieth-century approaches to historiography, see Anna Green and Kathy Troup (eds.), *The Houses of History* (Manchester, 1999).

Chapter 4

Apart from a brief mention in the article by Cust, listed in the 'References' section, no one has as yet written in detail about Burdett. On the political context within England, one can look to John Morrill, *Revolt in the Provinces: the People of England and the Tragedies of War 1630–1648*, 2nd edition (London, 1999), and more generally see Keith Wrightson, *English Society 1530–1680* (London, 1982). On Winthrop and America, see Richard Dunn, *Puritans and Yankees: the Winthrop Dynasty of New England 1630–1717* (Princeton, 1962). For another view on sources and their uses, see John Tosh, *The Pursuit of History*, 2nd edition (London, 1991), particularly chapters 2 and 3. On how historians work, see also Ludmilla Jordanova, *History in Practice* (London, 2000). A further *activity* would be to visit your nearest record office, and have a look!

Chapter 5

For a short and clear introduction to interpretations mentioned here, see Ann Hughes, *The Causes of the English Civil War* (London, 1998), and for one viewpoint discussed in detail, David Underdown, *Revel, Riot and*

Rebellion: Popular Politics and Culture in England 1603–1660 (Oxford, 1985). On Marxism, try the very readable Karl Marx and Friedrich Engels, *The German Ideology*, ed. C. J. Arthur (London, 1974), and the essays in Eric Hobsbawm, *On History* (London, 1998). Thoughts on history's relationship with other disciplines are discussed in Peter Burke, *History and Social Theory* (Oxford, 1992) and Adrian Wilson, *Rethinking Social History: English Society 1570–1920 and its Interpretation* (Manchester, 1993), and the 'Grand Narrative' is examined in Robert F. Berkhofer, Jr., *Beyond the Great Story; History as Text and Discourse* (Cambridge, MA, 1995).

Chapter 6

On the killing of cats, and other thoughts about cultural history, see Robert Darnton, *The Great Cat Massacre and Other Episodes in French Cultural History* (London, 1984). For an influential 'Annales' text, try Marc Bloch, *The Historian's Craft* (Manchester, 1953). A recent work on *mentalité* is that of Henri Martin, *Mentalités Médiévales XIe-XVe siècle* (Paris, 1996), and a critique of the concept is found in Dominick LaCapra, *History and Criticism* (Ithaca, 1985).

Chapter 7

The texts and background to Sojourner Truth are found in Nell Irvin Painter, *Sojourner Truth: a Life, a Symbol* (New York, 1996). On how sex has altered across the ages, see Thomas Laqueur, *Making Sex: Body and Gender from the Greeks to Freud* (Cambridge, MA, 1990), which can be supplemented with Helen King, *Hippocrates' Women: Reading the Female Body in Ancient Greece* (London, 1998) and the highly enjoyable James Davidson, *Courtesans and Fishcakes: the Consuming Patterns of Classical Athens* (London, 1997). An example of thinking with history is Michel Foucault, *The History of Sexuality: Volume One* (London, 1984) which has been criticized by (whilst also influencing) the previous books – but which has a rather different *project*: trying to allow an opportunity to change the present. A different view on the purpose of history is given by Gerda Lerner, *Why History Matters* (Oxford, 1998), and various thoughts on how 'History' is used by society, for good and ill, can be found in David Lowenthal, *The Heritage Crusade* (Cambridge, 1997). Finally, our last words come from Tim O'Brien, *The Things They Carried* (London, 1990).

“牛津通识读本”已出书目

古典哲学的趣味
人生的意义
文学理论入门
大众经济学
历史之源
设计，无处不在
生活中的心理学
政治的历史与边界
哲学的思与惑
资本主义
美国总统制
海德格尔
我们时代的伦理学
卡夫卡是谁
考古学的过去与未来
天文学简史
社会学的意识
康德
尼采
亚里士多德的世界
西方艺术新论
全球化面面观
简明逻辑学
法哲学：价值与事实
政治哲学与幸福根基
选择理论
后殖民主义与世界格局
福柯
缤纷的语言学
达达和超现实主义
佛学概论
维特根斯坦与哲学
科学哲学
印度哲学祛魅
克尔凯郭尔
科学革命
广告
数学
叔本华
笛卡尔
基督教神学
犹太人与犹太教
现代日本
罗兰·巴特
马基雅维里
全球经济史
进化
性存在
量子理论
牛顿新传
国际移民
哈贝马斯
医学伦理
黑格尔
地球
记忆
法律
中国文学
托克维尔
休谟
分子
法国大革命
民族主义
科幻作品
罗素
美国政党与选举
美国最高法院
纪录片
大萧条与罗斯福新政
领导力
无神论
罗马共和国
美国国会
民主
英格兰文学
现代主义
网络
自闭症
德里达
浪漫主义
批判理论

德国文学
戏剧
腐败
医事法
癌症
植物
法语文学
微观经济学
湖泊
拜占庭
司法心理学
发展
农业
特洛伊战争
巴比伦尼亚
河流
战争与技术
品牌学

儿童心理学
时装
现代拉丁美洲文学
卢梭
隐私
电影音乐
抑郁症
传染病
希腊化时代
知识
环境伦理学
美国革命
元素周期表
人口学
社会心理学
动物
项目管理
美学

电影
俄罗斯文学
古典文学
大数据
洛克
幸福
免疫系统
银行学
景观设计学
神圣罗马帝国
大流行病
亚历山大大帝
气候
第二次世界大战
中世纪
工业革命
传记